悠闲慢旅行

《旅游圣经》编辑部

北京航空航天大学出版社
BEIHANG UNIVERSITY PRESS

内容简介

现代社会压力巨大，竞争和忙碌压迫着人们的心灵和神经，很多人都希望通过旅行来减压。可是，传统的旅行方式：马不停蹄地跑上几处景点，匆匆忙忙的行程，疲惫不堪的身心经历，带回家的是千篇一律的土特产和留影照片，如何奢望这样的旅行带给我们心灵的抚慰和解脱？本书提出一种全新的旅行理念——悠闲慢旅行：放弃一点执着的理智，任性一点，随意一点，故意浪费一些时间，拖沓一些行程，我行我素地享受某一瞬间的感动，在旅行中，让我们慢下来。慢旅行的宗旨就是一种慢生活的态度。旅行中看到的山水建筑是固化不变的，但不同心境的人会有不同感受的收获。懂得慢生活理念的人可以享受骑行阳朔郊野的洒脱阳光，可以躺在朗木寺山坡上细述白云变幻，可以驻足某个夕阳西下的城市背景，可以听流浪的艺人弹唱一曲家乡的小调。他们会淡化那些所谓景点的存在，而在乎自我心灵放飞的感动。可能每个人喜欢的东西有所不同，但你只要肯慢下来用心去体会去发觉，总会找到令你满意的答案。本书为读者介绍了中国最适合慢旅行的八大旅游地：凤凰、成都、桂林、苏州、开封、拉萨、厦门和西安。全书文笔细腻流畅，意境优美，使人如临其境。悠闲慢旅行，令你体会前所未有的感觉和放松。

图书在版编目（CIP）数据

悠闲慢旅行 /《旅游圣经》编辑部编著 .-- 北京：北京航空航天大学出版社，2011.9

ISBN 978-7-5124-0508-0

Ⅰ . ① 悠… Ⅱ . ①旅… Ⅲ . ① 旅游指南 - 中国 Ⅳ . ① K928.9

中国版本图书馆 CIP 数据核字（2011）第 131644 号

悠闲慢旅行

《旅游圣经》编辑部

策划编辑：谭　莉

责任编辑：何晓慧

*

北京航空航天大学出版社出版发行

北京市海淀区学院路37号（100191）http://www.buaapress.com.cn

发行部电话：010-82317024传真：010-82328026

读者信箱：bhpress@263.net邮购电话：010-82316936

北京尚唐印刷包装有限公司印装　各地书店经销

*

开本：700×1000　1/16　印张：14.25　字数：240千字

2011年9月第 1 版　2011年9月第 1 次印刷

ISBN 978-7-5124-0508-0　定价：39.80元

前言 悠闲深处的旅行精髓

生活在高速发展的时代节奏中，大城市里每天你争我夺的忙碌氛围压迫着我们心灵的神经。都知道旅行是一种减压的方式，于是，大多数人选择在有限的节假日中参加旅行团，几天时间马不停蹄跑上几处景点，似乎仍然是匆匆忙忙的行程，仍然是疲惫不堪的身心经历，带回来的是千篇一律的土特产和留影照片。有过几次这样的经验，很多人开始觉得旅行并不是件好玩的事，还是不凑热闹留在家里吧。这，哪里是旅行本身的错，这只是你没有理解旅行艺术的真谛，同时也没有真正弄懂自己心灵的需求。

如果你还是以同样的工作节奏来对待旅途的行程，还是以急功近利的心态在意每一处的得失，你都没有改换一副对待生活的面孔，又怎么能奢望旅行带给你心灵的抚慰和解脱呢？我们放弃一点执着的理智吧，我们任性一点，随意一点，故意浪费一些时间，拖沓一些行程，我行我素地享受某一瞬间的感动，在旅行中，让我们慢下来吧。

慢旅行的宗旨其实就是一种慢生活的态度。旅行中看到的山水建筑是固化不变的，但不同心境的人会有不同感受的收获。懂得慢生活理念的人可以享受骑行阳朔郊野的洒脱阳光，可以躺在朗木寺山坡上细述白云变幻，可以驻足某个夕阳西下的城市背景，听流浪的艺人弹唱一曲家乡的小调。他们会淡化那些所谓景点的存在，而在乎自我心灵放飞的感动。可能每一个人喜欢的东西有所不同，但只要你肯慢下来用心去体会、去发觉，总会找到让你满意的答案。

有时候，我们习惯给自己找各种逃避的理由，没有时间，没有金钱，没有足够的精力去计划旅行，甚至潜意识里把旅行当成一种吃苦受罪的经历。其实，这些都是我们在传统理念上的偏差造成的误解。我们总是太在意功利的目标，似乎旅行只是炫耀给别人看的资本。我们也太跟随大众的流行标，没去过哪个地方、哪个景点就会觉得很没面子。这些观念其实也是社会生活中的一种弊端，我们需要个性化的生活方式，我们也需要更加私人做主的旅行计划。

别人去追赶他们的快游，放慢我们的脚步吧！时间总是可以挤出来的，没有长假也可以有短期的逍遥。少买一件名牌的皮包，少和朋友搓几顿饭，就能轻松拥有一个快乐悠闲的旅行。我们不必给旅行强加太复杂的目的性，也不是指望它来证明某种成果，它就是我们生活中一种自然的需求，用最平和自然的心态去对待，去享受，因为我们热爱着旅行。所以，当我们想要去哪里的时候，就顺应自己的感觉，背包出门去吧！

《旅游圣经》编辑部

九大慢旅行圣地

1. 厦门鼓浪屿

漫步在那些宁静的街巷，少有行人，阳光随行，墙头探出的三角梅正艳，院门半开，诱惑着你推门而入。接下来，一个个传奇就将呈现在你面前。

2. 苏州平江路

平江路可以让你轻松悠闲地度过一天的光阴。寻觅小店也好，泡茶馆也好，听评弹或者昆曲，抑或就是漫无目的地闲逛，这里总能找到让你钟情的时光印记。

3. 阳朔西街

只有在那里，“泡在西街”才成为一种理直气壮和浑然天成的生活方式，要是有谁在西街行色匆匆做奋发图强状，会被当成怪物。这里的时间被拉长又放慢，像一杯深红色葡萄酒荡漾的酒晕一样，缓慢、放松、怀旧而有着不可言传的浓郁。

4. 桂林城

桂林的美，在于意境。江水、山峰、树木、花草，民间的街巷、人间的烟火、清晨的雾、黄昏的斜阳，恰到好处地配合起来，就有一种夺人心魄的力量。“廓外青山山外城，山城如画画难评。”桂林，给久居喧嚣闹市的人们圆了一个久违的梦境。

5. 凤凰沱江周边

沱江，她只是她自己。在微曦的阳光里，在氤氲的迷雾中，在困顿的午后，在温暖的夕阳下，在波光灯影的夜色中，在许下的一个个深深浅浅的愿望里……她隽永，她轻逸，她灵性，她清婉，她慵懒，她流动，她忧郁，她悠悠。

6. 拉萨八廓街

一个可以在热闹处尽情发呆想心事的地方，一个可以穿越时空和历史对话的地方，一个有着浓浓的老街风情、浓浓的宗教色彩、浓浓的购物氛围的地方。

7. 成都宽窄巷子

“三五好友，不邀自来；一壶夜酒，无边瞎话，浇透长夜，各自回家”，这就是宽窄巷子的典型成都生活。

8. 成都三圣花乡

湖边农家乐坐满了喝茶打牌的闲人，“疏影横斜水清浅，暗香浮动月黄昏”。在这幸福的梅林，每个人心里都有着小小的幸福。

9. 西安德福巷

属于德福巷的时光总是有点漫不经心，总是有些词不达意，可是这同样也是很难得。生活中厚重的面目太多了，有目的的话题太多了。偶尔我们需要这样的闲暇时刻，不多想，不多说，随意而行，随遇而安，享受自己专属的私密空间。

七大慢旅行美食

1. 川菜

生在成都，实在是饕餮之徒的福气啊！这里的满街美食，那些麻辣鲜香的浓烈味道，让人想起就忍不住流口水。“人生得意须尽欢”，不要说游玩，仅仅在成都吃上几天几夜也是完全值得的。

2. 阳朔美食

在西街饕餮的日子是值得怀念的。如果说家乡菜的味道是思乡病的解药，那么西街的美味在拴住了游人们的胃的同时，也拴住了他们的心。

3. 西安泡馍

用一点一点手工掰馍的时间闲聊或遐想，美食加工的过程延伸到食客身上，这不得不说是将悠闲的生活方式发挥到了极致。

4. 厦门小吃

春天，路边的洋紫荆花都开了，一边唏嘘着芥末的辣味，一边看着洒落一地的花瓣，别提有多美。

5. 苏州面

当你坐在同德兴敞亮的店堂内，细品面条的爽滑细腻，回味汤头的醇厚浓香，时光悠悠流淌中空间交错，仿佛还能听到旧时伙计的一声吆喝：“来哉，清炒虾仁一碗，要宽汤、重青、重浇要过桥，硬点！”

6. 拉萨甜茶

就这样，我们克服了种种艰难，穿过千山万水终于到达拉萨，去赴和刚吉餐厅的约会。当我又一次坐在刚吉餐厅喝着甜茶，一些有关于旅途的艰辛与欢乐的记忆开始涌现。

7. 开封包子

到底哪家的包子最好吃，别人的榜单都不可信，只有你自己亲身劳作，遍尝开封城内的各家包子店，你才知道这包子江湖的水有多深。到底谁家能排第一，当然还是你自己说了算。

五大慢旅行住宿地

1. 苏州青年旅舍

“浮生若梦，为欢几何”，闹中取静的小巷，平常的苏州民宅，藤萝架、翠竹、红灯笼、碎石板小路，充满温馨而淡泊的氛围。

2. 厦门家庭旅馆

或怀旧，或小资，或浪漫，或典雅，有小家碧玉型，也有个性张扬型，而喜林阁、李家庄、船屋等相继在历史风貌建筑里开张，将这小岛上家庭旅馆的传奇演绎到了极致。

3. 阳朔西街客栈

据说当年店主梦想着能够经营一间像家一样的酒店，如今他的理想已经实现，每一个投宿的客人就好像是远道而来的故人，大家聚在一起分享着不同的故事。晚上，你可以枕着漓江的涛声入眠。

4. 凤凰江边客栈

在清冷寂寥的冬日，手捧香茶和主人一起烤火聊天，听着凤凰的过往历史和家常人事，望着窗外摇曳的灯火，更是让心温暖到极点。

5. 西安青年旅舍

西安的青年旅舍没有那么多矫情的小资调调，而是像古城的气质一般，大气安详，给你一个从容悠闲的旅行落脚地，也为你的旅行经历增添几许难忘的时光点滴。

目录

开篇

壹 凤凰

贰　成都

叁　桂林

肆　苏州

伍　开封

陆 拉萨

柒 厦门

捌　西安

开篇

细说慢旅行

翠竹掩映下的茶座

慢旅行
之时间篇——

旅行所感受到的快乐，与行进的速度成反比

很长时间以来，我们习惯性地设计几天几夜的紧密行程，我们总想把尽可能多的景点塞进尽可能短的时间范畴内，总想一次将某个地方的风景人情一网打尽。我们热衷于将行程安排得满满当当，让时间的先后衔接几乎不留一丝空隙，然后我们就可以骄傲地炫耀，你看在短短几天内我们去了哪里哪里哪里，多么经济合算。可是，就在这样马不停蹄的赶路中，在走马观花的流水账节奏中，我们真的享受到了旅行的乐趣吗？

“旅行所感受到的快乐，与行进的速度成反比”。当我们回想一次匆忙的旅行记忆时，往往会叹息，当时在那里为什么不多停留一会儿呢？还想再去那里一次啊。在越来越多这样的遗憾和反省中，我们开始改变旅行的时间思路了。法国人可以花几个小时享受一顿美食，英国人有悠闲的下午茶，希腊人习惯在爱琴海的小岛上晒上一天日光浴，而中国古老的传统文化其实也在宣扬一种缓慢节奏的生活哲学，太极功夫的以柔克刚，书法挥毫的铁钩银划，中医养生的自然之道，老祖宗们早就提示了我们慢生活中蕴含的巨大能量，我们却为什么总是走得如此匆忙，舍不得时间在这一刻为自己停留呢？有人觉得这是在浪费时间，须知当你节约了所谓的时间的时候，其实你浪费了你整个旅行的意义。

时间的安排是具有弹性的，有人总在抱怨自己没有时间，或者没有足够长的时间。时间的长短可能是固定的，可你对于时间的安排却可以是灵活计划的。时间长短并不是最重要的，重要的是你对于旅行的精心策划，而这种策划是建立在有个性主题的、不贪多求全的基础上，只要你放下模式化的惯性思维，开启自由畅想的空间，那么无论你的假期是短暂还是漫长，你都可以轻松拥有一次悠游的时光之旅。

时间在小镇仿佛停止了

慢旅行
之交通篇——

小火车

旅途中放弃一点交通的便利和舒适，得到的是来自心灵的充溢和满足

越来越密集的飞机航班，更便宜的机票，更快捷的动车组，城际快车豪华大巴，方便的交通条件让旅行花在路途上的时间大大缩减了，也减少了很多奔波的艰苦。我们似乎习惯了乘飞机飞往某地，然后全程包车舒舒服服地享受这个旅程。

我们并不是矫情地一定要放弃更快捷便宜的直达航班，而非要去乘坐几十个小时的火车慢车，这只不过是流于表面的交通现象。但是，在某些特定的地区，特定的环境，特定的心情下，你也许应该考虑换一种更缓慢、更原始的交通手段，这样，你会意外地发现旅行因此而增色。

比如，当你乘坐一列老旧的绿皮火车咣当咣当地穿越大兴安岭森林的时候，用奢侈漫长的时间与窗外的大自然亲密接触，这样的记忆肯定远胜于卧铺快车的一夜昏睡。又如，花几天时间徒步楠溪江源头，一路上所看到的人迹罕至的原始风景以及步行所感受到的自由和随意，肯定不是乘坐汽车远远路过一瞥的心情所能比拟的。更有那些骑行青藏高原山谷绝地、徒步穿越沙漠峡谷的勇敢者，他们更是在艰苦劳累的漫长旅途中挑战身体极限，领悟生命超越的释然，而大自然同样也回报他们更加完美丰厚的馈赠。

当我们到达了旅行的第一个起始点，我们不赞成以包车的方式完成后面的全部行程。包车虽然方便舒适快捷了，可是空间被局限了，视野被遮挡了，你所能接触的人只限于同车的伙伴和司机，你失去了更多与外界本土交流的机会，同时也丧失了可能有意外惊喜的收获。当你乘坐一辆普通的乡镇中巴班车的时候，你和身边某位当地人的随意交谈，可能会得到附近某些民俗活动的信息，甚至可能你会跟随他到他所在的村寨，感受一下原生态乡村生活的恬淡纯朴，这里也许就有你探访许久找寻不到的心灵安逸。当你在换车的车站遇到一些来自天南地北的旅行者，陌生人之间由于有旅行的共同话题而很容易相处融洽，你可能会从别人的想法中得到新的启发，你可能会认识新的朋友，从而开始一段新的旅程。由于有了这些不确定因素的存在，旅行不再是一成不变的按部就班，而是充满波折但随时带来惊喜，知道了开始，却猜不到结局，这才是一次成功旅行的魅力所在吧。

当你身处一座陌生城市的时候，不妨先用双脚丈量一下每块区域的地标。很多城市都有新城和老城，商业区和居民区，美食一条街和历史文化保护街区等，通过步行，你可以更真实地贴近这座城市的风貌，了解城市的内涵。你也可以租一辆自行车走街串巷，深入市井巷陌之中，某间小吃店，某处小作坊，某家民居大院，这些不是景点的景点，却能让你更深刻体验当地的风土人情和城市气质。所以，当别人只是坐着出租车走访了几处著名景点拍了几张留影之后轻易将其遗忘，你却可以侃侃而谈一座远方城市的点点滴滴，并且辅之以自己的情感好恶，这时你的确可以骄傲地说，我真的来过这座城市！

旅途中放弃一点交通的便利和舒适，得到的是来自心灵的充溢和满足。

小火车

慢旅行

之储备篇——

储备

做足功课再上路

有人说，每次旅行就是去完成一个心愿。因为某个契机的触动，因为某种情绪的感染，因为某些诱惑的冲击，让我们对每次计划出行的目的地寄予了深厚的期望。有了期望，便应该做相应的准备。试想如果没有强烈向往的动力和丰富储备的积累，你在旅行中又如何能感受因为发现新的突破或者证实自己的想法所带来的充盈全身心的喜悦呢？有些人总在抱怨这次旅行很失败很没意思，须知，你所不愿意花心思去了解的东西同样也不会给予你丰厚的回报。

当你的目的地是一座古城古镇或某些古老的遗址，你应该准确地了解它的历史背景，那些深厚的文化渊源是风景背后深藏不露的内涵。当你走入民族的村寨，你应该知晓他们源自于祖先的古老民风习俗，这样你才可以轻易地入乡随俗，同时得到他人的尊重和理解。当你拜访石窟古塔，你应该学习相关的建筑常识，这样才能看懂那些细枝末节的精彩。当你探寻民俗民艺，你应该清楚某一种民间艺术的流传渊源，它们的美区别于传统视角的品评标准。

你的旅行应该是有很强的主观目的性，你的旅行不应该是一场匆忙的心血来潮。你可能有七天的假期，但却可能花三个月时间做足准备的功课。从这个意义上讲，你旅行的时间拉长了，你旅行的脚步也就放慢了。

很多人热衷于出行前搜集攻略，关于交通、住宿、餐饮等，每天每时身处何地都落实到了很精准的细节上，这样的功课当然也是一种储备，但仅仅专注于此可能反而会把每天的行程安排得过于拥挤疲惫，这样不是又自己制造了一种和旅行团并无二致的赶鸭子模式了吗？我们的旅行首先是一次心灵之旅，无论是自然山水的大美无言，还是人文风情的深邃领悟，生命中的每一次旅行都不应该只是匆匆而过的几天流水假期。可能是学海无涯的知识积累，也可能是人生体验的深层感悟，当你做足了心灵准备而上路的时候，你会发现从旅行中得到的收获是如此丰富充盈，而你未来的回忆也不会是仅仅几张合影照片那样苍白无力了。

苗寨石板小路

慢旅行

之景点篇——

那些不是景点的景点

景点，可能是我们在旅行计划中最关注的焦点了。去一个地方，我们习惯性地先归纳一下有哪些景点可去，而这些景点的范畴也习惯性地集中在山川、湖泊、寺庙、公园、遗址、故居等地，好像凡是卖门票的地方才能称之为景点。思维形成了一种惯性模式，似乎很难被打破。当你选择了一个目的地，别人也经常会问你，那里到底都有什么景点啊？对于一个喜爱享受慢旅行的人来说，这也许并不是一个很容易回答的问题。我们有很明确的一次出行的主题思想，但又没有很精准的目标景点，我们不强调旅行是要去哪里，而是我们就在这里！

一个目的地的景点不是必须面面俱到，我们不是比赛谁去的景点最多。苏州有那么多园林，一下子走马观花地看了十多个，拍回来的照片可能自己都分不清是哪个园林。你不必人云亦云地跟随大众的脚步，完全可以根据自己的喜好选择一两处有代表的园子，再探访几家人迹罕至的小型私家花园，收获的心得体会肯定是质量胜于数量。

而当你放慢旅行的脚步，当你随意停留在某处，你更会发现其实还有很多不是景点的景点。一条古老的街巷，一处繁闹的花鸟市场，一家茶肆书馆，一所古迹幽幽的校园，一些你不经意走过的地方，一些有人气的鲜活流动的场所，也能成为某天旅程中最重要的驻足之地。这一天也许你一个景点也没有去，只逛了一片老城区，走访了几处民居，去一家咖啡馆闲坐，在柳荫下发呆，看一场当地戏曲，品夜市小吃，可能认识了几个有趣的当地人，了解了一些风土习俗，淘到了一两样喜欢的宝贝，满载喜悦的心情而归。这样惬意的一天难道不是我们外出旅行所追求的最高境界吗？可见，去了哪些景点并不是旅行的最终关键词，关键的是你是否达到了想要收获的心情目的。

有趣的是，当这些不是景点的景点越来越成为流行焦点后，开始有人按照你的思路去按图索骥地寻找这些行走的踪迹，它们俨然又成为一代流行新景点。其实旅行是很私人化很个性化的，不需要跟风盲从，你应该相信自己的感觉。所以，不用跟随别人的脚步，走自己的路去吧。

慢旅行
之美食篇——

寻找当地最正宗的民间美食

热爱旅行的人都是热爱生活的人，热爱美食的人也同此理。善于在旅行中发现当地的特色美食，甚至因为某种美食的诱惑才计划了这次远行，这样的人无疑非常注重生活情趣，这样的旅行内容也必定更丰满多姿。

在旅行团的行程中，每人固定的餐标和十人一桌的包餐很难让你品味到当地正宗的美食。在有些自助旅行者紧张的行程安排中，也总是舍不得停下来享受一顿美食，往往啃着面包就匆匆赶往下一景点。这样快速的行进简直像是一场战斗，又如何能享受旅行的乐趣所在？

对当地美食的探索和尝试应该是旅行的计划中不可或缺的一个条目。有些人总觉得外出吃饭填饱肚子就行了，更多的时间要留给观赏风景。其实，某间著名的老字号，某处热闹的夜市，某个深藏巷陌的小吃店，都可能成为整个行程中难忘的风景线。有些人总在追寻来自旅行中的感动，殊不知就在你忽视的瞬间，你与它们擦身而过了。

来自旅行目的地本土的特色美食也许不能满足每个人的口味，也许你会觉得并不好吃，但是，你所熟悉的那些饮食味道，那些山珍海味的大餐，在你所在的城市里早已熟悉得没有新鲜感了，又何必再去索然无味地重复一番呢。你去尝过了，试过了，体验过了，无论结果如何，这是你旅行经历的一个收获。有些人不论走到哪里都以自己熟悉的饮食为主，或者只在酒店餐厅用餐，或者时刻与麦当劳肯德基为伍，连饮食上的一点尝鲜勇气和探索精神都没有，很难相信他们的旅程能收获什么难忘的记忆。

当然，也有越来越多的人提前做好了美食功课而上路，就像众所周知到北京要吃烤鸭涮羊肉一样。不过，如果你肯多用点心，多征求点当地人的意见，你就会发现最正宗的特色美食往往并不是那些蜚声在外的老字号所能完全代表的。北京烤鸭并不见得全聚德就是第一，西安泡馍也不是老孙家最受欢迎，一些名不见经传却深为当地人所推崇的小店可能反而有意外的惊喜，而探寻它们的过程也是一项有趣的经历。当你多花了这点心思和时间，你就拥有了自己心中区别于大众视角的美食排行榜。

关于拉萨最好的甜茶馆、喀什最好的烤肉、成都最好的串串香、太原最好的羊杂割、苏州最好的小馄饨，你都能清楚地列举出自己独到的美食观点，这才是多么值得骄傲的一件事！

最后，我们要说的是，美食除了满足口腹欲望的需求，其实也是当地文化密不可分的一部分。侗族人喜庆节日里吃的猪血拌成的“血红”，寓意着日子过得更红火，寄托着对未来美好生活的期许。山西、陕北的花馍做成了巧夺天工的艺术品，更是在饮食中凝聚了生活的智慧和对美好事物的朴素追求。当我们放慢追逐风景的脚步，停下来细细品味一份美食背后的渊源和故事，我们便又对陌生的城市、陌生的民族多了一份深入表层之内的了解。不断地探访和认知，这，是旅行永恒的主题，对美食，对生活，亦是如此。

苏式爆鱼面

慢旅行

之住宿篇——

住进当地人开的客栈

在我们的传统观念中，住宿地不过就是个旅行中歇脚的地方而已，似乎再没有什么文章可做。其实，在欧洲，流行了几十年的慢旅行的起点就是在当地租间房子住，而不是选择住宾馆。租赁房屋居住，代表你开始真正走入当地的生活氛围中了，你将会停留足够多的时间，你将会和当地人一起购物、吃饭、休闲娱乐，彻底融入当地的风土人情。这当然是将慢旅行概念发挥到极致的一种理想境界，中国一些地方也开始有少数人尝试以这样的方式度过自己悠闲的假期。但对于大多数中国人来讲，这样的旅行可能还只是一种遥不可及的奢侈愿望。鉴于大环境的条件限制和个人时间的安排，真正能大范围地普及租赁房屋旅行大概还需要未来一段时间的摸索和尝试。

那么，在现有的条件下，我们还有怎样的住宿选择呢？答案仍然是丰富多彩的。当你走入江南的水乡小镇，你可以找一家临水而居的家庭旅馆，享受温馨的家居氛围和水乡人家的生活情调；当你走入徽州古村落，你可以找一家进士第的百年老屋，在雕花大床上梦一场时光倒流的繁华过往；当你走入内蒙古草原腹地，不妨在蒙古包中寻觅大自然的呼吸，在奶茶飘香和马头琴悠扬中醉生梦死；当你走入云南边陲的孔雀之乡，不妨就住进傣家的竹楼，和主人家一起围着火塘取暖交谈，其乐融融。当你入乡随俗地选择了这样的住宿方式，那么它们便不仅仅是一个简单的歇脚地了。你一方面了解了当地民居建筑的特色，另一方面也走入了当地人家的生活，在日常的作息交流中深入了解了当地的饮食、耕作、娱乐等民风民俗，这样的经历绝不亚于在当地租赁房屋居住的方式。虽然可能居住的条件有些简陋，不够舒适，但享受到的居家氛围和交流乐趣是孤单冷清的星级宾馆住宿完全不能比拟的。

如果你选择的是比较现代化的城市，也有越来越多的都市开始注重打造一些特色旅馆和青年旅舍。比如北京胡同内的四合院小旅馆，苏州乌瓦粉墙的园林旅舍，还有一些老建筑遗址改造的宾馆，一些选址幽静颇具小资情调的青年旅舍，它们都在努力营造一种超越于住宿基本功能之外的风格气质，这样的宾馆可以成为心灵的休憩地，可以成为新老朋友聚会的场所，可以成为风景之外的风景。它们都具备了基本舒适的住宿条件，但相对星级宾馆来说却更经济价廉。我们并不提倡身体享受的挥霍腐败，我们追求的是充实丰富的心灵之旅。

和住宿选择相关联的一点还有选择适当的出行季节和时间，住宿的价格和服务标准往往随着旅游旺季淡季的变化而有所起伏。如果选在人流拥挤的旅游旺季节假日出游，那么再有情调的特色旅舍恐怕也难享受到清闲随意的温馨感觉，你可能要付出高几倍的住宿价格，甚至面临露宿街头的尴尬。所以，一次慢旅行的宗旨永远不是跟风聚焦的热点所在，无论是选择目的地、时间、风景、美食和住宿，拥有自己个性化的主题和思路，才会收获一次完美成功的旅行经历。

■ 水乡客栈

壹

凤凰

邂逅慢调时光

叫做“跳岩”的石桥

沈从文在《湘西》中写道：“一切风景静美而略带忧郁，随意割切一段，勾勒纸上，就可成一绝好宋人画本。满眼是诗，一种纯粹的诗。生命另一形式的表现，即人与自然契合，彼此不分的表现，在这里可以和感官接触。一个人若沉得住气，在这种情境里，会觉得自己即或不能将全人格融化，至少乐于暂时忘了一切浮世的营扰。”

凤凰的风景，是慢中的静美而忧郁。慢慢飘弋的青碧水草，慢慢看风景晒太阳的老妇人，慢慢写生的行吟诗人，慢慢唱苗歌的阿妹，慢慢做生意的小书店，慢慢濡开的湿湿的想念……

凤凰也是温柔的。这里藏着异乡人的渴望和憧憬，以及那些瞬间的恍惚与片刻的迷醉。在某个水粼粼、夜冥冥、思悠悠的时刻，将疲惫的身体任意舒展在一个吊脚楼的廊前，守着一壶袅娜香茶和一弯幽幽沱江水，陶醉在“乡下人”柔软又恬静的故土。时间在此流动而不凝固，仿佛温柔地拐了个弯，就渐渐地慢了下来。

在凤凰，邂逅一段属于你的慢调时光吧。慢，可以是老营哨街上那个叫“八月里”的小小咖啡馆里的安然与醇香；可以是十字街的蜡魂小店里动手绘制蜡染时的单纯与素朴；可以是沙湾路边翩然飞舞的织花带与苗女一起编织的阳光和雨露。小城凤凰，慢有慢的宁静，慢有慢的安逸，慢也有慢的精彩与不凡。

渐渐地，你发现自己也和上了小城的慢节拍。时间淌在慢中，一点一滴，悄悄然然。作为边城的过客也好，人生的过客也罢，行路总是匆匆又匆匆，在浮光掠影的风景中，在长长短短的故事里，放慢心情，做个安静的行者和听众，沉入古城的记忆之河。慢中，遇见就遇见，错过就错过。

苗家女孩儿

遇见，
边城路上的女孩子

萧萧与翠翠，名字一般好听，同为初长成的山乡女子，有着一样的素朴明丽。又是一年的十二月里，遇见乡下人吹唢呐接媳妇的是萧萧，还是翠翠？

“若从一百年前某种较旧一点的地图上去寻找，当可在黔北、川东、湘西一处极偏僻的角隅上，发现一个名为‘镇竿’的小点，那里同别的小点一样，事实上应当有一个城市，在那城市里，安顿下三五千人口……”

在去往地图上这个毫不起眼的小城路上，倚着车窗读《边城》，玻璃上的雨痕轻轻的，翻过湘西的这一页也是轻轻的。“翠翠在风里长养着，故把皮肤变得黑黑的，触目为青山绿水，故眸子清明如水晶。自然既长养她且教育她，为人天真活泼，处处俨然如一只小兽物。” 对于凤凰生出的种种痴想，缘于那个叫翠翠的姑娘。那山野般的清新甜美，在水边？在舟上？在巷中？在梦里？还是在“明天”的渡口？

快到了翠翠的家乡，轻声唤着，翠翠，翠翠。渡桥上与黄狗相伴的孑立身影是翠翠吗？与沈从文携手走过一生的张兆和是翠翠吗？江边浣衫冻红了手的是翠翠吗？吊脚楼边那个放河灯的又是翠翠吗？翠翠还等在边城的白塔下吗？也许，也许……那个在月下唱歌，使翠翠在睡梦里为歌声把灵魂轻轻浮起的年青人还不曾回到茶峒来。……这个人也许永远不回来了，也许“明天”回来！

凤凰城内有条碧绿的江水，从古老的城墙下蜿蜒而过。妩媚的吊脚楼和它身后叠翠的南华山麓倒映江心，江中轻舟数点，不远即是虹桥。沱江水不深，但清澈碧绿，江中水草顺水漂游，很是清透动人。黄昏时，江边有妇人三三两两的洗衣声，有小孩子扮着鬼脸戏水的欢笑声，有吊脚楼上的人语声，《边城》故事在这里仿佛从未结束。

走上由木板搭成的“跳岩”过沱江，不多远，竟望见有个住处名为“翠翠客栈”，隔壁就是“萧萧客栈”。雨中的萧萧客栈是个读《萧萧》的好地方。许是萧萧客栈的媳妇同萧萧一样，有过很多模模糊糊的愿望，也曾有过一颗糊糊涂涂的心。只是人家做媳妇荷荷大哭，萧萧做媳妇就不哭。

“几次降霜落雪，几次清明谷雨，都说萧萧是大人了。天保佑，喝冷水，吃粗砺饭，四季无疾病，倒发育得这样快。婆婆虽生来像一把剪，把凡是给萧萧暴长的机会都剪去了，但乡下的日头同空气都帮助人长大，却不是折磨可以阻拦得住。”

如果，如果……脑后垂小辫儿扎河灯的女孩子同萧萧一般，边织花带边唱歌的女孩子同萧萧一般，水边手捏辫子末梢，设想没有辫子的女孩子神情同萧萧一般。萧萧与翠翠，名字一般好听，同为初长成的山乡女子，有着一样的素朴明丽。又是一年的十二月里，遇见乡下人吹唢呐接媳妇的是萧萧，还是翠翠？

苗寨春雨

沱江是小城的灵魂

追寻

一条河流般的忧郁

这勾勒于石头上的线条，朴素得仿佛沱江里的一棵水草，漂流在悠悠清溪之上，漂流在文章的字里行间，漂流在温文尔雅的儒者之气里。

无论是凭立于虹桥边，或安坐于万名塔下，还是俯身于吊脚楼的一湾，视野中都会有一条静静的河流相伴左右。她不是青涩俏皮的山涧之溪，不是柔情温婉的江南之水，也不是跌宕起落的大江大河。

沱江，她只是她自己。在微曦的阳光里，在氤氲的迷雾中，在困顿的午后，在温暖的夕阳下，在波光灯影的夜色中，在许下的一个个深深浅浅的愿望里……她隽永，她轻逸，她灵性，她清婉，她慵懒，她流动，她忧郁，她悠悠。沱江，她那淌着岁月宁静与安详的画面，总是扯动着人的缕缕情思。随波游弋的水草是沱江的魂，日夜流转的潺潺是沱江的灵。

一代文学大师沈从文正是与这条水结缘，从而我们有机会知道了茶峒渡口的翠翠，沅江船上的水手，箱子岩下划龙船的汉子，吊脚楼里多情的妇人……也懂得了“我的感情流动而不凝固，一派清波给予我的影响实在不小。我幼小时较美丽的生活，大部分都同水不能分离。我的学校可以说是在水边的。我认识美，学会思索，水对我有较大的关系。”

顺着回龙阁的小巷，沿沱江下行不远就是听涛山了，沈从文墓地就依偎在静静的沱江畔。石阶东侧有一块很不起眼的石碑，那是夫人张兆和为先生撰写的碑文。不理解或是不完全理解他的夫人，用感怀忧伤的文字记忆着动情的往事。“六十多年过去了，面对书桌上这几组文字，校阅后，我不知道是在梦中还是在翻阅别人的故事……从文同我这一生究竟是幸福还是不幸，得不到回答……”我印象中深刻的是，三三给二哥最诗意的评价，说沈先生是个“稀有的善良的人”。

由山路小径而上，不远处一块竖长的石碑，上面刻着画家黄永玉为表叔沈从文题写的碑文：“一个士兵不是战死沙场，便是回到故乡”。继续上行，清幽静谧的墓地四周，摆放着许多美丽的野菊和竹编的蝴蝶。一块未经任何雕凿的天然五彩石，在湿湿的雾气里略显斑驳，正面镌刻着沈先生手迹：“照我思索，能理解‘我’；照我思索，可认识‘人’”。背面是张兆和妹妹充和的撰联：“不折不从，亦慈亦让；星斗其文，赤子其人。”联上句尾四字便是“从文让人”。这勾勒于石头上的线条，朴素得仿佛沱江里的一棵水草，漂流在悠悠清溪之上，漂流在文章的字里行间，漂流在温文尔雅的儒者之气里。也许，美，总不免有时叫人伤心。

彩虹桥夜色

星

与心愿

沱水清碧，虹桥翩然，轻舟静美，跳岩踏实，吊脚楼安稳，浣衫人恬适，狗儿温顺。

无论你是由吉首或怀化方向进入古城，无论你是在醉人的氤氲还是繁星的午夜到达凤凰，首先进入视野的庄重沉稳的北门城楼都是你凝望小城那永恒的支点。

沱水清碧，虹桥翩然，轻舟静美，跳岩踏实，吊脚楼安稳，浣衫人恬适，狗儿温顺。北门码头，这里有凤凰最煽情的一面。春日的红伞，夏夜的河灯，仲秋的圆月，初冬的飞雪，都是凤凰温润潮湿的味道。北门码头，这里也埋葬了凤凰最无情的一刻。重檐歇山顶的青砖城楼，历经炮火洗礼，裸露的沧桑仿佛穿越了百年岁月，漫长得像是城门楼上悬着的月一样荒凉。

黄昏时，跃上几度风霜雨雪，几度沧海桑田，仍坚固牢实的跳岩，它还是那座只容两人侧身而过、长不过百米的小木桥。旁边两排一高一矮的矸步，依稀可见摇曳的沱江水草吻着那岩墩。抬眼处的吊脚楼静得美丽，叶叶小舟漂得写意，赤着身子游泳的孩子笑得天真，浣衫的妇人把衣捣得醉心。在沱江北岸的"古城守望者"酒吧，我挑了个望得见虹桥与青山的好位子坐下来，看看水，发发呆，聊聊天，写写日记。一壶茶的工夫，北门码头的霓虹就悬上了天空。

入夜后，北门码头也因着许多卖河灯的小孩子而被稚嫩的喧腾重新点亮。乘着月光的沱江，仿佛是落入了凡间的星河，飘摇的烛火星星点点，隐隐地跳跃着。我学着小孩子的样子，随手折几只小小河灯，送给过路的陌生旅人，一条忧郁的河瞬间即转身成了一片许愿的海。盏盏河灯从开始的小小几滴，连成了三五个点，组成了片，汇成了团，美得让人心疼。把心事轻轻诉说，随许愿灯漂泊到天涯的思念，唯有凤凰懂得。

吊脚楼

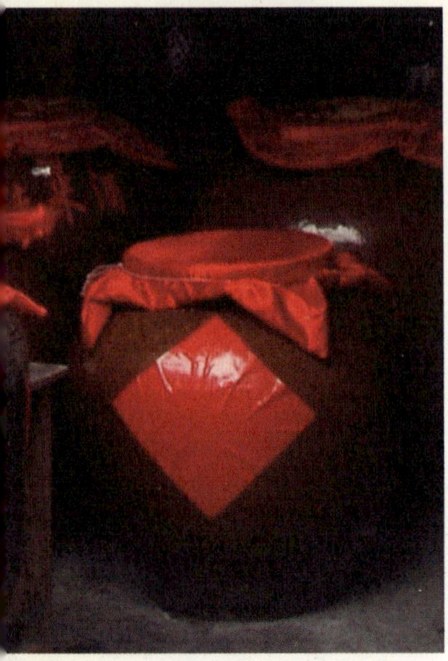

坛坛甜酒

寻找

泡在甜酒里的百年爱情

待得到了父亲的欣然允诺后，张兆和立即拍电报给沈从文，“乡下人，喝杯甜酒吧。”

一座幽静的南方四合古院，门上挂有“沈从文旧居”的匾额，正中有个小天井，池中鱼儿游动，植物花朵在四周角落里安静地生长。

小院的正屋内多是些沈先生早年使用过的桌子、木椅、木床，厢房中摆放的则是沈先生曾经出版过的集子、手稿、信件等。特别是室内挂着一幅沈从文与张兆和夫妇晚年携手同游金鞭溪的合影，极为动人。走过百年，沧桑巨变，爱情佳话，始终如一。

这个选择离开家乡的青年人，怀揣文学梦想来到北京后写出许多新潮白话小说，引起了胡适的注意，他很欣赏这个从湘西乡下来的年轻人，并说这样的人才不作讲师是可惜了些。讷讷的沈先生万万没有想到，他就是在那所第一次授课的学校，邂逅了与他结缘一生的“黑凤” 张兆和。大概是张兆和的清丽脱俗、高雅又不失山野纯真的气质让沈从文一见钟情，像波涛一样汹涌的爱，随即就让这个年近三十的潦倒书生一脚陷入了爱河。只是沈先生的情书尽管写得很勤快，但作为学生的张兆和只是用冷冷的沉默来回应一切。

那时被爱情折磨得近乎于疯狂的沈从文，继续一封封接连不断的情书轰炸，有时甘愿为张兆和变成疯子、傻子和奴隶，有时又扬言要为情而亡。胡适校长在听说了此事后，在 1930 年一个夏日的午后，把羞涩腼腆的张兆和约到了客厅里，见面就大夸沈从文是个天才，是中国小说家中最有希望的。

大概是沈从文锲而不舍的追求，最终打动了张兆和坚如磐石的心。这个乡下人硬是凭着一股韧劲，找到了属于自己的幸福。在登门拜访过张家后，沈从文去信给张兆和说："如爸爸同意，就早点让我知道，让我这乡下人喝杯甜酒吧。"待得到了父亲的欣然允诺后，张兆和立即拍电报给沈从文，"乡下人，喝杯甜酒吧。"喝甜酒在湘西的风俗里就意味着成亲，这样的电报大概只有沈从文才能看懂，也大概只有在他的家乡凤凰，才能喝到这缠绵中略带伤感的甜酒。

沈从文故居

凤凰沱江人家客栈

今晚，

有了落脚的温暖

在清冷寂寥的冬日，手捧香茶和主人一起烤火聊天，听着凤凰的过往历史和家常人事，望着窗外摇曳的灯火，更是让心温暖到了极点。

点点渔火，咿呀橹声，飘渺山歌，这就是凤凰古八景之一的回龙阁。夜晚的回龙阁是温柔的，有股异乡人歇脚的温暖与缠绵。

“沱江人家”就在回龙阁街上，到过这里的人总亲切地称客栈为“包大妈家”，这里恐怕是城中最早几处把老房子装修成客栈的人家之一了。包大妈家紧邻夺翠楼、虹桥和沱江，客栈中的木格窗棂更是简朴中透着温情。住在靠江边的吊脚楼，清晨醒来躺在床上看悠悠沱江水，或坐在阳台上发发呆，很是惬意。在清冷寂寥的冬日，手捧香茶和主人一起烤火聊天，听着凤凰的过往历史和家常人事，望着窗外摇曳的灯火，更是让心温暖到了极点。

包大妈家隔壁是“观景客栈”，住着老两口，平日老人常常是坐在那里静静烤火，经过门前心生波澜的往往是那些行色匆匆、前来看房询价的旅人。“观景客栈”有两间临江的房子，对面那栋楼的顶层还有个超大的露台，住在这里可以任由你与凤凰由晨至昏相看两不厌。

还是回龙阁街，经过准提庵后不多远，就能看到“一页情”的招牌。这个听上去略显暧昧的客栈名字，气氛倒是很素朴别致，门口转椅上的刺绣，鲜花与流水的庭院。掀开落地窗前的蜡染布帘，走上宽敞的阳台，无遮无拦的视线一下被沱江水所吸引，俯瞰沙湾美景，耳畔传来的是江对岸苗家妹子幽幽的歌。

沙湾一带有家广东老板经营的类似于青年旅舍模式的客栈，名叫“边客”。客栈干净又卫生，自助洗衣和自助厨房会让你在凤凰的生活更添一份乐趣。在距离“边客”不远的“凤凰国际青年旅舍”，不仅能洗衣、煮饭，还可以免费上网、看书、看碟，旅舍多人间的上下高低床还能唤起对宿舍集体生活的美好怀念。

沱江北岸一侧的客栈，虽不是吊脚楼，却是能眺望南华山、吊脚楼及北门码头和跳岩的温暖住处。“萧萧客栈”家主人儿媳名为萧萧，热情好客的萧萧家会让初到异乡的你倍增一份家的温暖。紧临的“翠翠客栈”，总叫人想到《边城》渡口的翠翠，只是不知道今晚为她唱歌的人还在不在？而它对岸，北边街古城墙下的“熊家小屋”更是个温馨可爱的小木楼。小屋上下三层，共四间临江房子，仅能住下八个人。只是房间虽小，每间房中粗朴的手织床单，素雅的蜡染窗帘，可推拉的木门以及冬日里的毛绒拖鞋、电热毯，还有阳台上的躺椅和小小美人靠，却直叫人不得不爱上那段沱江水边的日子。

清晨，小城在洗衣妇的棒槌声中醒来

■ 老营哨酒吧街

小吧

心情录

凤凰的酒吧其实并不花俏，也不张扬，与江边的吊脚楼、老木船、旧水车搭配起来，在相得益彰的默契之外，还隐含着淡淡乡土味的文学气质。

这是一条婉约柔美又朴拙内敛的小街。沱江边的小街，人们叫它在“老营哨”，街上白日里有水边杨柳静静抚着一切，夜间有木楼里的音乐慰藉一种心情。很多人把“老营哨”街比作凤凰的酒吧一条街，而凤凰的酒吧其实并不花哨，也不张扬，与江边的吊脚楼、老木船、旧水车搭配起来，在相得益彰的默契之外，还隐含着淡淡乡土味的文学气质。那是一种人人所追求并向往的，“优美、健康、自然不悖于人性的人生形式。”

其中“古城守望者”是凤凰最早开业的几家酒吧之一。酒吧与北门城楼遥遥相对，楼下就是缓缓流淌的沱江水和往来行人的跳岩，对岸的轻舟、吊脚楼更是风情万种。裹在浓浓咖啡香里的守望者，也许不是古城最温柔、最舒适、最惬意的酒吧，但却是邂逅幽幽古城、守候一段与古城之缘的最好地方。

在“古城守望者”不远，江边的“八月里”，也是一处与古城气质很相符的清新自然之地。想在古城不受人打扰，找个静静的又小小的地方，面对真实的凤凰，真实的沱江，来这里听听自己内心深处的声音，也许是凤凰之行最好不过的选择了。

“八月里”再往前走走就是比较热闹的酒吧了，如果朋友多时，想在小城找个又酷又炫的地方，推荐到“青石”来吧。一段音乐，一份沙拉，一场邂逅，一局桌球，一弯月色，这就是“青石”。如果嫌不过瘾，还想再换个地方听听歌，距离“青石”很近的就是“阿罗哈”和“原始人”了。这两家酒吧在晚上都有驻唱歌手的表演，如果你无法忍受孤独寂静的凤凰夜，如果你喜欢摇滚，如果你酷爱酒精，如果想要玩得更 HIGH，选择这里肯定没错。

回龙阁附近也有两家比较出名的酒吧，一家是“流浪者”，还有一家是“素”。如果你不很习惯湘西的酸辣味道，可以尝尝“流浪者”店里很地道的比萨和薯条。在临水的吊脚楼里，伴着红灯笼，听音乐、吃东西很惬意，很享受。而“素”的清爽、自然，就如招牌上的素色蜡染布一样，有种朴素的馨香。店里有老板亲手煮的香醇咖啡，有味道浓郁的芝士蛋糕，伴着柔缓音乐和淡淡书香的，还有木格子窗外一条在岁月里温柔流过的河。

流浪者酒吧

朝阳宫内的古戏台

痴人

说戏，梦一场

耐人寻味的不仅有建筑本身的精彩，更有建筑之外那戏梦人生里的痴笑与癫狂。

朝阳宫内的古戏台

凤凰只是一座小城。她的城楼，她的吊脚楼，她的祠堂庙宇，她的石板小巷，有寻常人家的简朴大方，或有富甲一方的贵气奢华。住下来细嚼慢品半月有余，耐人寻味的不仅有建筑本身的精彩，更有建筑之外那戏梦人生里的痴笑与癫狂。

朝阳宫就在古城西侧的西门坡，原名陈家祠堂，是湘西古建筑的精华。这座在民国四年（1915 年）由乡绅捐资兴建，后又由陈渠珍等人扩建的院落，雕梁画栋，匠艺精细，造型别致，堪称古城中苗家建筑一绝。

在文星街上，我身旁走着的是背书包上课的小学生，路过的是门口晒着太阳的老人，早点铺里忙活着的是肩背婴孩儿的母亲，擦身而过那湿漉漉的一切，耸鼻一嗅，这大约就是湘西的味道了。

不知不觉，我走到了朝阳宫紫红色的墙门外，祠堂门口两侧镌着的一副对联，颇为吸引人，“瑞鸟起蓬蒿翼搏云天高万里，嘉宾莅边隅眼看楼台总多情”。进得门内，从戏台下穿过，回首便能看见一个木楼式的古戏台，台上两侧廊柱上悬挂着一副对联：“数尺地点可家可国可天下，千秋人物有贤有愚有神仙”，中间题曰：“观古鉴今”。只是，这寓意深刻的楹联，不知是否还有当年陈渠珍撰写《艽野尘梦》时的影子？也许，那梦中唯有丛林莽原，峡谷冰川，还有与藏女西原的凄婉爱情。

祠堂正面是一栋三间木结构正殿，两边次间有花格通风木窗。正殿左右两侧各建有包厢，上层的雕花木栅栏包厢是为方便达官贵人看戏用的。只是当年显赫的一代枭雄“湘西王”，还有旧时的那些乡绅阔佬们，喜欢的都是些什么题材的戏剧，是曲高和寡的艰涩，还是通俗易懂的欢畅就不得而知了。

沈从文老先生在 1982 年最后一次返乡时，曾在这里请了老戏班在台上演出古老的傩堂戏，全场皆由当地农民扮唱，老先生回忆往事间，不禁激动得泪流满面。不知是想到了宿命的无奈和善良生命的脆弱，还是眼前浮现出了儿时单纯的美好画面。

现今，那悲怆的乐章早已不再续写，只是古城里喜欢听戏的老年人，在每个周末，依然把这里当成最爱的娱乐场。

朝阳宫紫红色的墙门

苗寨图腾柱

诗意地
栖居在一个苗寨

坐在船上，悠闲地在如画的峡谷中穿行，抬头望着马尾峰崖壁上长达四百米的壁画群。在一片迤逦清雅中，远处那个有着东晋遗风的寨子荡在了春风里。

车行过座座青山，片片梯田，条条清涧，户户人家，就在都罗寨门口止步不前了。我在凤凰时就听说，古城西南十六公里的林峰乡，有一个隐没在崇山峻岭之中的小寨，名曰“都罗寨”。据说那里有宛如世外桃源的清净悠远。都罗的山不高，但灵秀峻美，水不深，但清澈可人。村庄内男耕女织，鸡鸣狗吠，炊烟袅袅，那是一派安宁详和的天空。《凤凰地名录》记载，古时候，村民交皇粮都喜欢用小箩筐挑担子，官员得知后就改为用“蔸箩”作寨名了。如今，这个一千多年前就世代居住在此的土家村民大都姓杨，皆称自己为大宋杨文广后裔。

拥抱着青山秀水的都罗村舍，大多是乌黑的瓦，黄泥的墙。那些年代久远的石板小路，不仅串起了村寨的房屋、院墙、小巷，同时也串起了寨子的记忆。老婆婆静静地坐在自家门口编草鞋，一只害羞的旺财狗贴着墙角悄悄从身边溜过，几个扎翘辫子的小姑娘在院外嬉笑得正欢，远处吆喝耕牛的声音正在田头荡漾，画中还点缀着几个偶然到此的来访者。

穿过妖娆的紫云英和青翠的田垄，绕过美丽的都罗河，到了落差近百米的都罗大峡谷，也就是都罗寨的天然后花园了。峡谷的两侧大大小小的溶洞有很多，其中最出名的就是岗水洞，也就是当地人称之为的“水帘洞”了。这个洞口窄内宽，瀑布沿钟乳石泻下宽宽的水帘，成了洞口天然的阻挡视线的屏障。垂直石壁上开凿的石阶栈道与山下相连，险峻处留下的残垣断壁像是丝丝缕缕透露着解放前那两次激烈的剿匪战斗。坐在船上，悠闲地在如画的峡谷中穿行，抬头望着马尾峰崖壁上长达四百米的壁画群。在一片迤逦清雅中，远处那个有着东晋遗风的寨子荡在了春风里。

苗寨石板小路

赶场

搭着

农车去赶场

挤在满满一车的鸡鸭、肥料与欢乐的乡民间，体验体验乡野的别样情致，也不失为一件顶有趣的乐事。

赶场是苗寨里别具趣味的风俗，也就是汉语中“追姑娘”的意思。十八九岁的苗族男青年，到了谈情说爱年纪，大多会利用走亲访友的机会，先试探性地了解对方情况，而后再进一步利用赶场的机会主动去找姑娘，大多是在地角场边，或者在行走的路途中，与姑娘讨糖、讨水果。外乡人初次见如此风俗，难免也会兴奋地向姑娘讨要东西，但如果姑娘不理不睬，再去“讨”就只会自讨没趣了。

遇到赶场日，如果你胆量够大，试着去搭一段农用车吧。挤在满满一车的鸡鸭、肥料与欢乐的乡民间，体验体验乡野的别样情致，也不失为一件顶有趣的乐事。只是在赶场人多时搭乘农用车，一定要抓稳扶牢，悬着的身体实在大意不得。

每逢农历初一、初六禾库赶场时，这个距离凤凰较远的小乡镇，仿佛是一下子由默默无闻变得人气极旺。整个上午，一批批从农用车里挤下的乡民蜂拥而上，瞬间就把摆了电视、鸭蛋、糖米糕、锅碗瓢盆、甘蔗、猕猴桃的大小摊子，围得个里三层外三层。卖银饰的、土布的、绣花衣的、烟丝的、种子化肥的、青菜生姜的、提着鸭抱着鸡的，吆喝买卖之声更是此起彼伏。

缠头帕挎背篓吃粑粑的老妇人，戴斗笠打盹卖鸭雏的老伯伯，米豆腐摊旁照顾吃奶娃娃的女子，算命卖苗药的中年男子，挑着担子卖豆干的妇人，戴着虎头帽歪在背篓里睡不醒的婴儿，叽叽喳喳挑花带的苗女……这就是真实的禾库，简单的禾库，在赶场中生活的禾库。

距离禾库五公里外的板吉寨和岩板寨，也不妨徒步去走一走。伴着乡间的清新空气，穿行于寨中的石板小路，晒太阳的老婆婆、善意微笑的乡民、嬉闹的小孩子、挑水的热情农妇……一切的温暖朴素，都会让你恍若隔世。

苗寨的市集

桥头的锉花艺人

苗族银饰

小艺术
里的大乾坤

一条水清甜甘美的经年滋润，让一颗心沉淀出了最单纯的美好，这一份单纯也成就了熊承早、叶水云、吴六爱，那些关于美的梦。

凤凰古城虽小，但却有不少热爱艺术、对色彩着魔的人。凤凰的艺术有水的多情和山的灵气。孕育这些美丽的，一些是来自于母亲的口传心授，一些是有缘于画家黄永玉的悉心指点，更多的一些是源于自然乾坤里的日月长养。一条水清甜甘美的经年滋润，让一颗心沉淀出了最单纯的美好，这一份单纯也成就了熊承早、叶水云、吴六爱，那些关于美的梦。

其中东正街 8 号的熊氏蜡染，要算是凤凰最出名的手工艺品了。如果你偏好单纯的蓝白两色，又喜爱朴素简约之美，那么熊承早笔下的蜡染画对你就是绝对有魔力的。因早年和黄永玉学画的缘故，他所画的蜡染荷花也让不少收藏者如痴如醉。那些流畅的运笔，简洁的笔法，大胆的构图，隽永的意蕴，写意的手法，无不透着古城江边滋养出的灵性。其中挂在店里作展示的《吊脚楼的春天》、《晨光》、《猫头鹰》、《九十三岁的白石》等都是不交易的孤品。

店中最受欢迎的一幅蜡染作品，恐怕要算是《花好月圆》了。那是在花好月圆夜，一对苗族青年男女相会在十五的月光下，尽情吐露彼此的爱意。作品抽象且含蓄，仿佛是环绕凤凰的沱江水一样美得恰到好处，浑然天成。如此的浪漫，不正是送给热恋中的她最好的礼物吗？

还有东正街60号的叶水云土家织锦坊，也是凤凰的传统工艺品之一。叶水云从12岁起就开始了技艺生涯，曾经跟随叶玉翠老人学习织锦。店中的手工挂毯，既有手工斜纹编织的，也有竖纹编织的，图案既有传统的土家样式，也有现代的靓丽傩面具。如今，孤零零的织布机仍在角落散发那古老而迷人的味道，上面穿梭翻飞的彩线，仿佛在诉说着一个老去的故事。而讲故事的人现在已很难找到愿意听故事的人，织锦也与很多其他传统非物质文化遗产一样，面临着人亡艺绝的窘迫。如果有兴趣，和一直为织锦所着迷的夫妇俩聊一聊，也许会给你不少艺术上的启发与灵感。

顺着石板路继续走，不远就是虹桥，桥头边的一间简陋小屋就是吴六爱的锉花小店。锉花和剪纸的不同之处，就是在于一个用锉刀刻，一个用剪子剪。苗语管这门手艺叫“压本”，“压”就是刻，“本”则是花。苗族谚语中有“男儿种田，女儿锉花”之说。问起吴婆婆用刀子画画的历史，她便说那早啦，很小啦。日日的锉花，仿佛是她于平静的生活中拾回的梦。那些饱满线条与精准刀法下的，是鲤鱼跳龙门、凤穿牡丹、溪桥月夜的美妙与多姿。而那些曾经用来作绣花前底稿的样子，却永远藏进了远去的绣花针中。

水云织锦坊

孩童们的游乐场

拾回
我童年记忆里的小学与森林

如果说闲适是忙碌过后飘在表面的虚无，那么自在就是浮华过后刻在骨子里的忘我。

假如觉得闲适的日子久了，整天坐在吊脚楼上喝茶、嗑瓜子、发呆，这样消磨意志的日子不想再如此打发下去了，那就同当地人一样起个早，爬爬山，疏疏筋，活活血，去古城南边的南华山上自在一番吧。如果说闲适是忙碌过后飘在表面的虚无，那么自在就是浮华过后刻在骨子里的忘我。

传说很久以前，有一位鹤发童颜的老翁，骑着一只白鹤路过此地。他见深谷中瘴气蔓延，树枯花谢，于是从净瓶中洒下了几滴仙水，山中顿时恶气散尽，枯木吐芽，残花绽放。后人们猜测是南极仙翁造福了人间，为了感激这位老仙人，便把山取名为南华山了。

顺着城外的建设路走上一条坡度很大的巷子，跟在去上课的小学生身后，一直朝里走不远，见着卖小零食的摊子多了起来，文昌阁小学就到了。这座号称全国最美最大的小学，傍山而建，古木参天，环境清幽，确是用功读书的好地方。这里也是沈从文和黄永玉的母校。校门口由黄永玉所创作《童年不再》的雕塑，是两个正在“骑马”玩枪战的调皮孩子，遇到课间休息的孩子围在雕塑旁追着、打着、跑着、闹着，更让人觉得雕塑逼真可爱。小学的广场上，还有沈从文先生《自我评述》的石碑：“小

时因太顽劣爱逃学，小学刚毕业，就被送到土著军队中当兵，在一条沅水和它的支流各城镇游荡了五年……”

而紧邻小学左侧的高高石阶，就是通往南华山的小路了。石阶沿着山势铺陈，时而斜斜陡陡，时而曲曲弯弯。路两旁的古树虬枝相接，让人一时间对这满眼的黛绿多了几分陶醉。南华山虽不高，可这石阶路却像是一条蜿蜒上升的绿色隧道，行走其间有曲径通幽的感觉。

拾级而上，不过三五百级，看到的便是“凤凰县革命烈士纪念碑”了。转过纪念碑，峰回路转处听得流水潺潺，循声而望，绿树红花中飘然一小亭，走近看原来是黄永玉题书的“壹停亭”。一停，一亭，一憩，顿觉浑身上下清透明净。亭右上方还有一口小井，名为“饮虹井”，水清澈至冽，涓涓地不知流向何方。溪上的石桥也给“壹停亭”添了几分雅致可人的气质。在此坐拥松涛，面对流水小桥，只觉山水自有佳音。

出了小亭子，山势转向陡峭。顺着蜿蜒的石阶继续向前，就到了南华顶峰。峰顶有一座瞭望塔，登上塔顶，烟雾迷蒙中，山城景色尽收眼底。不远处洗尽铅华的小城，正在一天的绚烂后复归平淡中的静寂。

清晨，小城在洗衣妇的棒槌声中醒来

社饭

与酸萝卜的搭配秘笈

一个软糯清香，一个鲜脆甜美，就好像是青碧的沱江与河中柔顺的水草一样，二者搭配在一起，才可称之为绝配。

在凤凰当地，没有哪家人是不会自己做社饭的，更没有哪家人是自己不会泡酸萝卜的。这种把米饭、野菜、腊肉混合在一起炒的饭，在当地不可或缺，就像新疆的手抓饭，人人天天都要吃一样。无论是大街上，还是饭馆里，只要是人来人往的地方，都能看到卖社饭的摊子。

而与社饭最相得益彰的还要算是沾了辣子后红彤彤的酸萝卜了。一个软糯清香，一个鲜脆甜美，就好像是青碧的沱江与河中柔顺的水草一样，二者搭配在一起，才可称之为绝配。湘西人对于酸辣的热爱程度，可称得上是“一日不吃酸，走路打踉跄。”酸食，在现今苗家饮食中依然执着地占有主导地位。旧时苗人深居山中，盐巴等物资奇贵，储存的食品很容易发酸变质，为了掩盖酸味，只好多放辛辣调料佐味。而最唾手可得的莫过于产量颇丰的大白萝卜。萝卜既能解渴又能下饭，在酸辣之外，口中还余下一份甘美的甜气。

老房子饭馆旁，卖社饭的是个高高瘦瘦的老板娘，每天天不亮就开始围着社饭忙活了，一遍遍洗野菜、烧柴火、盛米饭，最后焖上一小时左右，香喷喷的一大锅饭就做好了。早上肚子饿了，这里的社饭也在冒热气了。吃一碗撒着黄豆、芥菜、辣椒的社饭，再配上几片粉生生的酸萝卜，朴

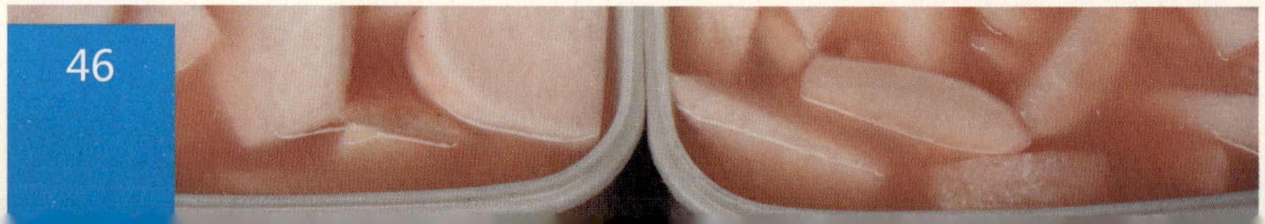

朴素素的食材结合，竟完美演绎出了平民人家的味道，吃过让人很容易满足。如果吃过后，还想把酸萝卜带回家，老板娘也早就替你考虑周到了，把泡菜取出来装进塑料瓶子里，多加些腌好的原汤，这样回家自己也能做出地道的酸萝卜了。

另外，从文广场向东50米，在县广播局的对面，还有家不错的酸萝卜摊子。一盆盆腌得粉粉翠翠的萝卜、黄瓜、莴苣、藕片，都极鲜亮水灵。街边就着炭火盆，两个粗手大脚的苗人和几个辣得嘴里嘶嘶的姑娘，像是吃着了什么人间难得的神丹妙物，一块接一块拼命往嘴里塞，津津有味的模样，让人看了欲罢不能。拣上几块自己中意的，在辣椒罐子里用木勺轻轻一拌，清香酸辣的味道立刻就叫人难以抵挡了。站在街边，咬上几口鲜红脆爽的酸萝卜，渐渐的，才懂了凤凰人无论男女老幼皆嗜好这几角钱的酸里有甜、甜中带香的酸萝卜的原因了。

凤凰社饭

■ 牛肉粉

飨宴，

你俘获了谁的舌头

在夏夜舒爽的晚风中，一扎啤酒，几个烤串，这平民的飨宴谁又能说不是古城最有滋有味的幸福生活呢？

说到凤凰的小吃，当然还是先以酸辣飨宴作主打。老字号米粉馆就在虹桥桥头，早点时间人满为患。因地理位置极好，米线滋味很地道，当地人也把这里当作是每日早晨的定点粉馆。看看那火炉上一锅锅的小炖肉，香气四溢的牛腩，美味的鸡块小蘑菇，不由得让人垂涎三尺。来上一碗红红的香辣牛肉米粉，配着红油、剁椒、酸豇豆，吃得痛痛快快，一身热汗。

另外新城南华路上的“一钵轩米线店”，有老字号粉馆没有的猪脚海带米线。这种米线没有木耳肉沫米线的油腻，海带和米线既融入了浓浓的汤汁中，又很好地释放了自身的味道，吃起来爽滑香浓，极有韧性。

若是觉得辣食对肠胃刺激过大，还可以在街头觅得几个炸得酥香满口的灯盏窝，再吃上个甜香软糯的桐叶粑粑，当然也不要忘记了开胃解腻的酸萝卜。如果你喜欢甜食，在虹桥桥头那家好吃的米粉店隔壁，还有家卖冰镇甜汤的小摊位，冷柜里面的绿豆沙、甜酒圆子、八宝粥、糯米粥等，依次摆放，卫生洁净，让人看着放心，吃着更是香甜润滑之感久久缠绵于口，叫人难忘。

在逛遍古城每个角落，又吃遍每样小吃后，晚上可邀几个好友去虹桥路的烧烤一条街。烤韭菜、烤茄子、烤牛肉，再加上馄饨、汤圆等各式小吃，在夏夜舒爽的晚风中，一扎啤酒，几个烤串，这平民的飨宴谁又能说不是古城最有滋有味的幸福生活呢？

■ 老字号粉馆

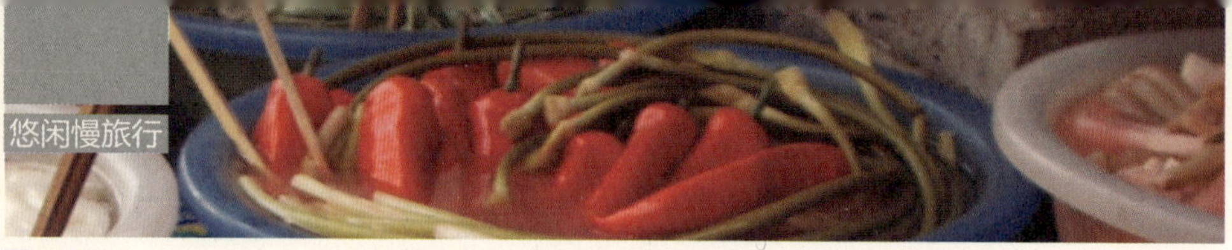

腌红辣椒

越酸

越辣越过瘾

在吊脚楼上找个江边的位子坐下来，嗑上几个瓜子，嘬上一口香茶，望着微风中摇摆的红灯笼和江上来往的船只，仿佛一切只在说明原来美食与美景尽可同享。

腊肠腊肉专卖

湘西饮食以浓重的酸辣口味为主，凤凰人一般把当地的特色菜都做成火锅。其中血粑鸭又堪称凤凰第一名菜，因制作比较复杂，味道浓烈，刺激味蕾，也就属于回回吃、回回都嫌不过瘾的菜。另外，苗鱼火锅、腊味火锅、小米粉蒸肉、罐罐菌炒肉、蕨菜炒腊肉等都是不可错过的凤凰美食。

古城外建设路上的“大使饭店”是凤凰网上人气极高的饭馆。“大使”当地话意为“大家”，也就是大家的餐馆。传说某年黄永玉带了某国大使吃过饭后，为其题写的匾额给店中增色不少，这块金字招牌也就奠定了大使饭店在凤凰餐饮业中的老大地位。这里的血粑鸭、红烧乌鸡、红烧小猪肉、腊鱼、腊肉、板栗炖鸡等，都是绝对正宗的湘西特色菜。但与水门口的饭馆一条街相比，小小缺憾是唯有不能美景与美食兼得，只是这些怎奈也挡不住前来饕餮者的脚步，其中滋味自然是尝过才知道。与“大使饭店”相邻的“万木斋”，在凤凰也是不可错过的馆子。热爱厨艺的胖胖老板，因还喜欢收藏奇石，摆弄盆景，所以就有了饭馆现在的名字。此店绵滑香浓的小米粉蒸肉最不可不尝，脆肠干锅也是地道的看家菜。

古城水门口一带的饭馆大都傍着沱江水与虹桥，位置得天独厚，在吊脚楼上找个江边的位子坐下来，嗑上几个瓜子，啜上一口香茶，望着微风中摇摆的红灯笼和江上来往的船只，仿佛一切只在说明原来美食与美景尽可同享。

大使饭店

■ 扯姜糖

“乡下人”

爱的姜糖与酒坊

拉长、绕圈、再拉长、再绕圈，在一系列反反复复的拉扯中，姜糖，终于被历练成了凤凰最出名的特产之一。

从走入古城凤凰的那一刻起，嗅觉立刻就会被一种味道所吸引，那是四处飘散的辛辣与甜丝丝的混合气味，一起享受来自姜糖这独特的美妙时刻吧。古巷中，姜糖团被极为夸张地挂在铁钩上，拉长、绕圈、再拉长、再绕圈，在一系列反反复复的拉扯中，姜糖，终于被历练成了凤凰最出名的特产之一。

古城内生产姜糖的小店很多，大多是家庭作坊，店面规模和制作工艺大致相同，招牌式经营，都标有一些正宗、祖传之类的宣传，如果抵挡不住店家的热情游说，可以先尝后买。但其中资格最老、味道最正宗的，还要算是在沈从文故居旁的镇竿张氏姜糖了。花三五块钱，先买袋小包的姜糖尝尝味道，入口后才发觉这香浓脆甜、回味悠长的姜糖和别处的姜糖相比，确实不可同日而语，问及原因才知道，区别主要在于放入的白糖、冰糖、红糖和姜的比例。

还是在沈从文故居旁，一家名为“宏兴堂”的酒坊，远远地就飘着糯米发酵的酒香之气，看着一坛坛陈在那里清香四溢的好酒，便忍不住上去尝尝。这家酒坊的最大特色就是现酿现卖，老板是很热情的凤凰人，给客人用来尝酒的也是一次性杯子。掀开盖子，米酒的香醇浓郁立刻在空气中弥漫开来，让人精神为之一振。难怪本地喜欢米酒的老爷子会结伴拎着自家酒桶来打酒了。酒坊里比较有特色的是 18 度的糯米酒、猕猴桃酒和桂花酒等，基本是些酒精度数不高、能醉人又能养颜美容的甜酒。

宏兴堂酒坊

贰

成都

今夜请把烦恼遗忘

出租车在路上慢慢晃悠，司机用婉转的成都语调和你有一搭没一搭地闲扯，从成都的好吃馆子一直扯到南延线的市政建设。街边小店的美女老板在门口铺开麻将桌，路边的修车师傅半躺半坐在遮阳伞下看报纸，饭店门口的排号人嗑着瓜子谈笑风生，河边树荫下那排露天茶座永远生意兴隆……你的心情也感觉莫名放松　没错，你已经到了成都，一个浑然天成的悠闲之都，甚至它的名字，都透出那么股闲散的味道。

“三五好友，不邀自来；一壶夜酒，无边瞎话，浇透长夜，各自回家”，宽窄巷子浓浓的古典韵味和艺术气息叫你留恋。“点醉”、“滴意”、“荷欢”、“花间”、“胡里”、“味典”，店名风雅，环境清幽。走出巷口，恰遇成都画院，深秋季节，金黄银杏在阳光下熠熠生辉。画院内的庭院虽小，摆好桌椅，也是一个像模像样的露天茶馆。金色的落叶，空闲的竹椅，某些时刻，人生真的十分惬意。

成都的悠闲乐活让你的紧绷情绪彻底放松。有时被它的俗世气息强烈感染，更多时候，则是闹中取静，慢慢享受。春暖花开，在锦江岸边泡一杯盖碗茶，让初春的阳光温暖后背，那种感觉真是　太安逸了！或者邀三五良朋，桌上摆满瓜子薯干，或打牌，或聊天，或看报，或发呆，微风轻拂，花树摇曳，实乃人生美事。

精致的川菜餐厅，粗犷的火锅名店，生气勃勃的街头小吃，朴素的农家菜馆，麻辣鲜香的成都美食看得人眼花缭乱，吃得人赞不绝口，只恨自己的胃口太小，只怨自己生错了地方。你看那夏夜灯光下的路边摊冷淡杯，红男绿女抓着兔脑壳和麻辣小龙虾慢嚼细啃，只有在成都，才让这些不登大雅之堂的平常俗物美味发挥到极致。

翠竹掩映下的草堂红墙，浣花溪的那把舒服躺椅，宽窄巷子的一杯清茶，九眼桥头的迷离笙歌，龙泉山上的桃红李白，辣得你眼泪哗哗的伤心凉粉，无不让人身心舒畅。在李劼人的笔下，成都本是如此美好：“成都省的穷人连讨口子都是快活的！你想，七个钱两个锅块，一个钱一大片卤牛肉，一天哪里讨不上二十个钱！”想到这里，你不禁发出会心微笑：是呐，连讨口子都是快活的，咱们又有什么理由烦恼？

竹篁清幽，麻将声声，安逸得很

三月一枝海棠红

宽窄巷子，

渐行渐远的老城记忆

在夏日慵懒的午后，走进这样一条窄窄的小巷，躺进梧桐掩映的竹椅，泡一杯清香的茉莉花茶，桌上有本喜爱的闲书，有心就翻翻，无心则眯着眼小寐一会儿。

成都作为具有千年传承的历史文化名城，在岁月长河中流淌下来的并非仅仅几个常规景点。当你不经意踏进那些看似寻常的阡陌小巷，感受到那些属于平常百姓的真实生活，才算真正走进了这个城市的私密空间。

“宽巷子不宽，窄巷子不窄”说的正是这样两条具有独特风情的小巷。据说成都成为历史文化名城的原因之一，正是由于宽巷子、大慈寺、文殊院这三处历史文化街区的存在。沧海桑田容颜改，当年宏伟的少城建筑早已湮没在历史长河，只有宽窄巷子成为目前成都硕果仅存的清朝民居建筑。

走进宽窄巷子，恍如走进一段被遗忘的时光。这里曾是两条寻常小巷，沿巷而建的民居具有典型的清朝川西风格，虽然有些破旧，却难掩其精致的古韵。屋前威武的石狮，还有光滑的拴马石，依稀重现了这里曾经有过的辉煌。悠闲的家庭露天茶馆，忙碌的小吃烧烤摊点，传统与现代风格混杂的青年旅舍，麻雀虽小却五脏俱全的杂货店，还有世代居住在这里洗衣做饭喝酒打牌的原住民，构成了宽窄巷子的真实生活。

成都画院就在巷子的出口。这是一座有着百年历史的传统四合院，两株古老的银杏巍然站立在画院门口。画院不大，四合院内也有像模像

宽窄巷子的古老建筑

改造后的宽窄巷子，梧桐树依旧

下午的休闲时光

路边小憩

宽窄巷的川菜馆都有一个雅致的名字

样的假山和池塘，红色的锦鲤在水中悠闲游弋，仿佛是一座古代的民居宅院。这里也是一个小小的露天茶园，喝茶的人并不太多，三三两两散坐在椅子上，尽显幽静和惬意。画院经常举办成都画家的小型画展，规模虽然不大，却具有浓郁的本土特色。

在夏日慵懒的午后，走进这样一条窄窄的小巷，躺进梧桐掩映的竹椅，泡一杯清香的茉莉花茶，桌上有本喜爱的闲书，有心就翻翻，无心则眯着眼小寐一会。微风从身边吹过，路旁经过的大爷大妈絮絮叨叨说着什么，不知谁家的小狗在脚下闻来嗅去。宽巷子，总是让人情不自禁想起小时候，想起过去。浮生若梦，为欢几何。

宽窄巷子独特的市井和人情味以及缓慢、悠闲的节奏，总是引起我的特别感怀与喟叹。这是今天的城市中非常稀缺而且正在逐渐失去的气质，可惜，它们也终究难逃被改造的命运。我以为，假如没有当地居民原汁原味的生活，只剩下空荡荡的院落和房屋，那么，这些没有人的建筑也会逐渐死去吧？

改造之后的宽窄巷子变得整洁而精致，与素有的历史和文化底蕴一脉相承，现在的宽窄巷子依然充满历史和文化气息。在这里的各色商家中，甚至不乏诗人和作家的身影。翟永明的“白夜酒吧”在此寻到一席之地，以《我的川菜生活》而备受推崇的石光华也开了一家倡导慢餐理念的新式川菜馆，还有莽汉诗派的诗人李亚伟做起了“香积厨”的商家……更多的，则是取了“点醉”、“滴意”、“荷欢”、“花间”、“胡里”、“味典”等风雅名号的店家，有点文艺，有点小资，有点讨人欢心。在巷子里闲逛，一不小心，或许就能遇到那位著名的宽窄巷子原住民　　白发的那木尔羊角，没准你还可以向他讨教关于宽窄巷子的老门头和沧桑历史。“三五好友，不邀自来；一壶夜酒，无边瞎话，浇透长夜，各自回家”，这就是宽窄巷子的典型成都生活。

“最好，不是因为最好所以我们眷恋不已，而是倒过来，是因为永远失落了，我们只能用怀念召唤它们，所以成为最好”，我喜爱的侯孝贤如是说。古老的宽窄巷子渐行渐远，年轻的宽窄巷子带来崭新的风情。什么才是最好，侯孝贤的说法大约是准确的。

全神贯注的拉琴人

寻梦

浣花故里

邀三五朋友，或拖家带口，桌上摆满瓜子薯干等零食，或打牌，或聊天，或看报，或发呆，河风吹来，花树摇曳，实乃人间美事。

“当年走马锦城西，曾为梅花醉似泥。二十里路香不断，青羊宫到浣花溪”。陆游的诗篇如此引人遐想，那香飘二十里的锦城西啊，精华尽在浣花溪？我想起了薛涛，这位曾经长住浣花溪的悲情女诗人，她用芙蓉皮、芙蓉汁和浣花溪水亲手制成的红色精美彩笺，在历史上留下了一个关于“浣花笺”的美好典故，在她之后，从此再也无人用浣花溪水造笺。除了诗篇，还有传奇

成都历史上有一位著名的浣花夫人，在她年轻的时候，曾在浣花溪畔遇到一个遍体生疮的过路僧人，其他路人均避之不及，这位美丽的姑娘为僧人洗涤肮脏的僧袍，霎那间，朵朵莲花突现水中，明艳灿烂，光芒夺目。或许，这就是浣花溪的得名缘由？

心怀这些美丽的传说，我漫步在浣花溪公园的绿色小径上，翠竹、香樟、银杏、楠木散布公园的各个角落，布置看似随意，却在不经意间营造出一种特别的精巧。河边及园中几处宽敞的地方各自摆些桌椅阳伞，形成天然的露天茶馆，泥土芬芳，凉风拂面，仅仅几分钟时间，就从繁华的喧闹都市走进这样一个清凉的休闲之地。

这里有诗情。园内 388 米的诗歌大道记录了从杜甫、李白和屈原到当代共计约 300 名诗人的形象、朝代、生卒年代以及他们的著名诗句，不知道这是否为全国独有，诗歌大道的气势着实让人感慨。沿着大道慢慢前行，多少美文佳句唤起少年时的校园记忆，道旁的诗人雕塑和这条独特的大道相得益彰，很多年轻父母带着自己的小孩边走边朗诵上面的诗歌。谁说这是一个诗歌死亡的时代？　　看着这样的画面，我有些感动。

这里有雅意。走在青草茵茵的小径旁，不时看到头发花白的三两老人在路边练习毛笔书法。他们身边放一个水桶，手握一支蘸满清水的大毛笔挥毫疾书在水泥地上，全神贯注，一气呵成，引得围观路人阵阵喝彩。在垂满紫藤的河边小径，拉小提琴的白发老人神情忘我，他的爱人坐在一旁静静聆听，或许这样的美妙琴声让他们重新回到年轻时候的美好岁月？不远处，一位年轻的姑娘沉浸在手风琴的世界中，悠扬的琴声飘荡四周。还有一对可爱的父子，父亲认真纠正孩子的拉琴姿势，儿子则乖巧地配合父亲的教诲。

这里有画意。阳光刚刚好，暖暖的，柔柔的，晒得非常舒服。园内居然有人在拍婚纱照，美丽的新娘新郎在摄影师的摆布下摆出百般姿态，尽管身着单薄，有些寒意，却无法掩饰脸上的幸福笑意。我走走逛逛，不觉已然夕阳西下。来到沧浪湖边，天边霞光迷人，虽然空中仍有朦胧雾气，却是那样静美。

在浣花溪，更多的还是闲情。正门口的廊桥外挤满了流动小贩，豆腐脑、臭豆腐、甘蔗汁、甜荸荠、热糍粑……，小贩们热热闹闹地吆喝，给幽静的公园增添了几分世俗生气。退休的老年人在浣花茶园旁的小亭子度过欢乐时光，他们尽情地拉琴唱歌，态度那么认真，激情让人感动。观鱼长廊则是小朋友的最爱，密密匝匝的油麻藤把长廊顶部遮得严严实实，叫骄阳奈何不得，水中的鱼儿常年饱食，条条长得珠圆玉润。河边的露天茶园更是公园一景，邀三五朋友，或拖家带口，桌上摆满瓜子薯干等零食，或打牌，或聊天，或看报，或发呆，河风吹来，花树摇曳，实乃人间美事。而园中更多的人呢，似乎和我一样，只是闲逛，很多幸福的小宝宝们，有的在童车上呼呼大睡，有的在妈妈怀里撒娇，有的蹒跚学步，有的放风筝，有的捉迷藏，还有的喂鸽子……。此时此刻的浣花溪，又像一个家庭欢乐谷。

在这样一个开放、自然的园地，不用刻意去做什么，不管是在河边品一杯清茶，或者仅仅随意闲逛，我的心里总是充满温暖与平和。

■ 浣花茶园春光美

■ 小朋友的最爱——花溪喂鱼

■ 浣花溪畔迎春怒放

烂漫山野

春天，

桃花树下打场小麻将

回想起来，那些桃花树下的慵懒时光，恍惚间，就如一场粉红色的美梦。

一声春雷，几场春雨，这个城市在三月初春的暖阳中逐渐苏醒过来。草变绿，树发芽，花盛开，一年一度的盛大花事又来了。

可能再难找到像成都这样爱享乐会享乐的城市了。如果你没有听说过“农家乐”这个名词，很遗憾，成都人会像看怪物一样盯着你的脸。正值周末，假如太阳展开笑颜，成都人的第一反应是，“哎呀，这样好的太阳，赶快去农家乐喝茶打牌啊！”

于是，三月到龙泉看桃花、新津看梨花，四月去合江摘草莓、蒲江摘樱桃，五月又去龙泉吃枇杷，还有六月开始的龙泉水蜜桃……，它们全都理所当然地成为我们的周末盛宴。在成都，你永远不用担心无事可做，只会怨恨自己时间太少。或者这样说，无事可做正是在成都旅行的最高境界。好吧，既然你已经放松心情，决定开始一场悠闲的慢旅行，还犹豫什么呢？

汽车在龙泉山上逶迤盘旋，路边的花树越来越多，让我们的心也跟着雀跃起来。下车吧，整条山路遍布各式各样的农家乐。或许那地势最好、桃花最艳的人家早已客满，主人满脸堆笑地对你说“明日请早”，没关系，随便走进另外一家，新鲜的空气和妩媚的花枝同样诱人。先坐下泡杯清茶，让泥土和春茶的清香缓缓包围全身。如有三五知己良朋，正好凑一桌麻将，微风吹过，身边花枝摇曳，绯红的花瓣阵阵飘落到酣战正激的你的头上、脸上和身上，谁说不是一种风雅？如果不喜麻将，那就坐在桃花树下，拿本心爱的小说，在暖洋洋的春光中读读自己喜爱的文字。或者，什么也不做，只是眯着眼睛，让阳光温暖你的后背，做一场半梦半醒的梦。

“开饭啦！”主人的一声高喊，惊醒你的美梦。不用操心吃什么饭点什么菜，每人交上二三十元，主人自会把一切安排得妥妥当当。新鲜的凉拌折耳根和青胡豆，红彤彤油亮亮的白斩鸡，绿油油的豌豆尖和油菜，还有香喷喷的腊肉和香肠，这些都是农家席上必不可缺的家常美味。尽管没有山珍海味，农家菜却让你食欲大增。

饱食一顿之后，自可以继续在麻将桌上酣战。不过，更健康的方式却是沿着山路去寻访那些姹紫嫣红的桃红李白菜花黄，所有的春天色彩都在这里尽情绽放。好久没走这样的乡间小路，空气中弥漫着泥土的新鲜气息，当然也有农家肥的味道！桃林片片，花树下间或长着油菜和豌豆，黄（油菜）、绿（豌豆）、红（桃花）相间，分外春天，分外烂漫。路遇田间休息的老农，随意闲聊几句，他会告诉你所遇桃花都是些什么样的品种。

时间过得飞快，很快到了返城的时候。仅仅半个小时，你又回到热闹的成都市区。回想起来，那些桃花树下的慵懒时光，恍惚间，就如一场粉红色的美梦。

桃树下的美好生活

■ 她沉浸在手风琴的世界里

寻访

他/她的足迹，
让旅行变得诗情画意

历史是死的，唯有鲜活的人是真的。让我们走进成都，一座空气中弥漫着诗情画意的城市。

很多年前，当我想起成都，脑海中浮现出的总是诸葛孔明和刘备的三国历史，还有李太白的《蜀道难》，甚至杜工部的《茅屋为秋风所破歌》……

后来，身居此城多年。当我行走在这个城市的大街小巷，即便在某些很不起眼的角落，仍能触摸到历史留下的深深印迹。成都之所以成为历史文化名城，与那些曾经在这里留下深深足迹并写下浪漫诗篇的人息息相关。历史是死的，唯有鲜活的人是真的。让我们走进成都，一座空气中弥漫着诗情画意的城市。

彩虹桥头，芙蓉花开，叠锦堆霞，如梦似幻，让我想起后蜀后主孟昶。他是一个强悍的将士，还是一个浪漫的诗人？或许，只是一个爱花成癖的风流雅士？左边是诗歌，右边是美人，浸淫在此般富贵温柔乡，可叹后主雄风渐失，最终城头变幻大王旗。然而，孟昶经营下的成都，“城头尽种芙蓉，秋间盛开，蔚若锦绣”，却是历史上最美丽的成都。孟昶的名字和成都永远连在一起，是他，赋予了母城这个如花般美丽的别称蓉城。

你不可能不知道李白，这位号称“诗仙”的浪漫主义歌者。在一生中最美好的年青时代，他和成都结下了不解渊源。二十岁时，李白立志一生远游，成都成为他漫游天下的起点 锦城散花楼、司马相如琴台、扬雄故宅、峨眉山，处处留下他的潇洒足迹和率性诗句。李白一生对成都怀有深厚的感情，那些脍炙人口的诗歌，《蜀道难》、《登锦城散花楼》、《峨眉山月歌》等均以成都作为题材。李白不是成都人，但成都人把他当作自己人。

你又怎能不想到杜甫，这位忧国忧民的清苦“诗圣”？他在47岁时来到浣花溪畔，在这里度过了四年相对其一生颠沛流离而尤显平静安稳的生活。成都的温婉和宽容竭尽所能地抚慰诗人那颗饱经忧患的心灵，“人们提到杜甫时，尽可以忽略了杜甫的生地和死地，却总忘不了成都的草堂”。尽管杜甫仅在成都居住短短四年，却为中国的诗歌宝库留下了包括《蜀相》、《茅屋为秋风所破歌》在内的两百四十多首伟大诗篇。如果没有杜甫，中国的诗歌历史将黯然失色；如果没有成都，中国的诗歌历史将被重写。

当你徜徉在香飘十里的新都桂湖，杨升庵的印迹在这里无处不在。他是明代四川唯一的状元，七十二岁的生命中有三十五年被耗费在云南边境。他一生博学多闻，尽管仕途坎坷，终于成为一代杰出的思想家和文学家。当年升庵考中状元时新都老宅所在的街道，今天依然叫做状元街；当年他亲手沿堤遍植桂树的地方，桂花依然年年飘香。他一生眷念故土，故乡人民也永远眷念着他。

走在深夜的琴台路上，恍惚间似乎听见隐隐的琴音，那是司马相如和卓文君在遥远的天际抚琴应和？作为汉赋的奠基人，这个土生土长的成都文人最为后人所称颂的，并不仅仅是他的文学才能和那些气势恢弘、铺陈华丽的汉赋。他写下名篇《子虚赋》和《难蜀父老》，他在临邛与卓文君相识相爱。因家庭反对，他们双双私奔回到成都，据说今天的抚琴路就是当年司马相如和卓文君抚琴唱和的所在。他为家乡留下了一段才子佳人的千秋佳话，他和卓文君的爱情故事让这座城市的空气也变得缠绵。

杜甫草堂的红墙夹道

幸福梅林的小小幸福

三圣花乡
的诗意栖居

湖边农家乐坐满了喝茶打牌的闲人，“疏影横斜水清浅，暗香浮动月黄昏”。在这幸福的梅林，每个人心里都有着小小的幸福。

花乡农居的初夏惬意

推开窗户，太阳毫无预兆地出现在天空，这突如其来的惊喜总是让人猝不及防。还等什么呢？赶快，到三圣乡喝茶去！

在花乡农居，小径上不时走过挑着小吃担和手提水果篮的小贩，以及骑着自行车和背着背篓的花贩，那些水灵灵的鲜花散发出阵阵清香，“买点鲜花，五块钱一把，哎，买一送一喽！”卖花的青年男子热情向路人兜售，就算不买，仍然洒下一串爽朗的笑声。拎着篮子的婆婆正在叫卖刚刚上市的枇杷，“自家种的枇杷，买点回去尝个新鲜吧！”还有一些老人坐在路边，面前担子里是绿油油的各式蔬菜，许是心理作用，硬是觉得比城里菜市的更新鲜。老人和妇女用干花编织花环，白色的满天星，紫色的勿忘我，那些缤纷的色彩，似乎真的能让阴霾的心情云开雾散。

夏天的三圣乡一片清凉。“莲叶何田田，鱼戏莲叶间”，荷塘月色的600余亩荷塘描画出一幅美丽的田园夏景。寻一户荷花池边的农家，请主人备好饭食，你可径直前往荷塘赏荷。若是夏日的周末清晨，摄影爱好者们早早守候在荷塘边上，用心捕捉清晨的温柔阳光和昨夜的荷上露珠，以及小荷才露尖尖角的喜悦。这顿香喷喷的农家饭，定有荷塘中捉来的新鲜鲤鱼，做个家常的红烧鲤鱼，就着空气中的荷叶飘香，定会让人胃口大开。饭后，你可以四处走走看看，或许一不小心就走到二号坡地那些个性十足的艺术家工作室，这就是汇聚了数位成都当代艺术家的“新蓝顶艺术中心”。他们给荷塘月色增添了一种诗情，浪漫的、迷人的艺术气息。

隆冬季节，幸福梅林的腊梅开了，买花和卖花的人们都喜气洋洋，他们捧着大把梅花从你我身边走过，留下一路芬芳。午后阳光照耀下，穿着薄薄的羽绒服竟会有些冒汗。冬日的阳光懒洋洋洒在肩上和背上，脑海回旋起那首著名老歌的优美旋律，“Sunshine on my shoulders makes me happy, sunshine in my eyes can make me cry, sunshine on the water looks so lovely, sunshine almost always makes me high…”

阳光似有若无，空气中弥漫着一层淡淡的雾气。路边卖小吃的摊贩生意很好，个个忙得不亦乐乎。不怕冷的人们在湖上划船戏水，远远望去，尽管光秃秃的柳条无法依依，仍然颇有湖光山色的味道。湖边小径有着好听的名字　　幸福路，路人的脸上似乎也带着幸福的笑意。湖边农家乐坐满了喝茶打牌的闲人，“疏影横斜水清浅，暗香浮动月黄昏”。在这幸福的梅林，每个人心里都有着小小的幸福。

在这样淡淡的阳光下，泡杯花茶，躺进竹椅，思绪逐渐变得飘散。虽然距离城市仅仅半小时车程，那些平日工作和生活中无以言述的烦恼和郁闷竟已似离我远去……

夏日荷塘

武侯祠神道，青翠庄严

幽幽

锦官城，遗迹处处寻

一千多年过去，清清浣花溪依然从草堂正门环流而过，一泓碧水，一架小桥，树木葱茏，竹影婆娑。漫步清幽草堂，我深深体味到杜甫当年寓居在此的僻静和野趣，不禁陶醉在这清凉古朴的意境之中。

静下心来，慢慢行走，你会发现，成都是一个充满了历史遗迹和历史记忆的城市。武侯祠和青羊宫静静伫立在繁华闹市，一面古朴照壁把身边的车水马龙远隔尘嚣之外。

若论成都的标志性景点，武侯祠当之无愧。世上不止一座武侯祠，然而，用汪曾祺的话说，“成都武侯祠是我所到过的祠堂中最好的”，我深以为然。它是中国影响最大的三国古迹，经历代重建和修葺，现在的祠堂依然气象森然，古树参天，非常值得一看。

在武侯祠中，诸葛亮的形象不是一个神，而是一个实实在在的人。祠内的文臣武将塑像都很有意思，他们没有普通庙宇塑像的满脸严肃和死气沉沉，而是有一种生动活泼的情趣，与严肃的殿堂相映成趣——譬如赵云，居然是一个白面黄须的慈祥老头，而非我们以往想像中英气勃勃的帅气男子。武侯祠内有一道著名的《出师表》石刻，相传为南宋抗金名将岳飞亲笔手书，笔力遒劲，龙飞凤舞，书法相当精彩。诸葛亮和岳飞同为前不见古人后不见来者的忠臣，不同的时代，同样的心境，精忠报国的命运也何其相似！难道岳飞书写《出师表》时正是被南宋朝廷十二道金牌召回之时？因为想起诸葛亮的“出师未捷身先死”，书法才

显得如此激愤？

杜甫草堂是另一个非常具有成都味道的人文景点。1250年前的那个寒冬，或许飘着鹅毛大雪，为避安史之乱，中年杜甫弃官走上艰难的蜀道，来到这座锦官之城，并暂时寓居在西郊一座古寺。来年春暖花开，在朋友的帮助下，杜甫在浣花溪畔的高大楠树旁建起一座茅屋，终于结束了之前四年颠沛流离的生活。杜甫一生中生活的地方无数，可是只有在成都，人们为他建起了这座纪念的草堂，这是否从一个侧面反映了成都人知恩感怀的特性呢？一千多年过去，清清浣花溪依然从草堂正门环流而过，一泓碧水，一架小桥，树木葱茏，竹影婆娑。漫步清幽草堂，我深深体味到杜甫当年寓居在此的僻静和野趣，不禁陶醉在这清凉古朴的意境之中。

“锦水春风公占却，草堂人日我归来”，这样风雅的典故和传统在成都比比皆是。每年正月初七，文人墨客们相聚草堂，共同祭拜这位诗坛圣人。盛大的“人日游草堂”活动让这里成为一个雅俗共赏之地，看图，听琴，赏梅，鉴宝……，这些别有趣味的唐风民俗让人难忘。

四川大学旁的望江楼公园也值得一去，“试从绝顶高呼：问问问，这半江月谁家之物？且向危楼俯首：看看看，哪一块云是我的天！”登上崇丽阁，面朝锦江水，诵读这幅212字长联让人心胸涤荡！望江楼的历史与唐代女诗人薛涛息息相关，如果哪位有心人来戏说《薛涛那些事儿》，集历史、权利、爱情、友情、香艳于一体，说不定还能红遍网络。

哎，在成都这样充满历史记忆的地方旅行，不恨钱包太瘪，只恨时间太短。别忘了，还要去文殊院品茶，到昭觉寺进香，在青羊宫闻道……，这些都是不可错过的地道成都体验。

望江楼下望江流

■ 青花莲鹤纹熏炉

在博物院

感慨岁月长河的无声流逝

那一幅幅金碧巨制，一层层清逸笔墨，一枚枚玲珑玉印，一段段过往旧事，让我深深沉浸在大千先生所处的那个纷乱而浪漫的时代。

选一个慵懒的夏日，避开火热的骄阳，我在僻静的四川省博物院内细细盘桓，捕捉这座城市的细碎光阴，感慨岁月长河的无声流逝。

浣花南路251号，毗邻杜甫草堂和浣花溪，四川省博物院的地理位置得天独厚。自2009年重建新址并重新开放，这里成了一个绝妙的访古寻幽佳处。博物院内游人不多，但也不算少，并非我想像中的落寞光景。有闲散的本地人，也有一眼就能从口音和装扮看出区别的外地游客，甚至还有些不知哪个学校的小学生，正在老师带领下认真参观。

小学生们配备了一位讲解员，我紧赶慢赶才赶上他们的步伐。讲解员是位时髦的年轻姑娘，却是出乎意料地熟稔历史，她的话语生动而有趣，让我这个素来不喜导游的人也听得津津有味，并对省博讲解队伍顿生好感。

走进瓷器馆，青花莲鹤纹素狮纽熏炉的摆放位置非常突出，一眼即知其精品地位，这件瓷器出自明嘉靖年间，美女导游问小学生，“你们知道什么是青花瓷吗？”一个小男孩抢答：“当然知道啊，周杰伦有唱！”大家闻声莞尔。另一件景德镇窑青白釉刻花梅瓶，这是出自宋代的文物，造型简洁优美，釉色温润如玉，我站在它的面前，遥想过去的古典时代：

这个有着芙蓉花瓣的金碗让人着迷

万佛寺石刻馆的佛像，是什么原因让他们的头、身、手分离？

翡翠温润

真是美啊，是怎样的纤纤玉手才配把梅枝插入这样美丽的花瓶？

看过三星堆之后，再看其他博物馆的青铜器，总是觉得黯然失色，省博自然也不例外。有一件战国时期的凤鸟纹铜钫较为突出，算是国宝级文物吧，铜器顶部站立着四只张口衔珠的小鸟，器身的凤鸟雕刻繁复华丽，长长的尾羽与展开的双翼相交。据说这件铜器与长沙楚墓出土的凤鸟极为相似，难道巴蜀文化与楚文化在那个时候就已经有了融合和交流？

大风堂是省博给我留下最深印象的展厅，里面展出了 90 多件张大千书画真迹，包括先生于 1941 年春至 1943 年夏远赴敦煌临摹的敦煌壁画珍品。据说张大千当年到敦煌写生，耗费黄金 5000 两，那是一段多么传奇的经历啊！四川博物院对大千先生画作的收藏堪称富甲一方，那一幅幅金碧巨制，一层层清逸笔墨，一枚枚玲珑玉印，一段段过往旧事，让我深深沉浸在大千先生所处的那个纷乱而浪漫的时代。

四川民族文物馆是一个有趣而独特的展馆，这里的展品让我恍如看见豪爽的彝家兄弟，英俊的康巴汉子，质朴的羌族人家，以及清纯的苗乡少女……那些栩栩如生的少数民族服饰以及精美的民族工艺品让我再次回想起那些走在路上的旧日时光，回味起他们可爱质朴的笑脸以及粗犷爽朗的笑声。

藏品丰富的工艺美术馆总让我细细流连，神妙的双面蜀绣，精美的鼻烟壶，美轮美奂的芙蓉花瓣金碗，华丽的金梳，玲珑剔透的玉器，都是我驻足赞叹的对象。还有万佛寺石刻馆的众多佛像，它们是那么细腻、精美、栩栩如生，可是，千百年来，到底经历过什么，使得它们头、身、手分离？

走出光线暗淡的博物院展馆，外面阳光灿烂，竟然恍如隔世。我静静坐在博物院内园林区，闻听一墙之隔大街上的车水马龙。园中依然夏花灿烂，瞬间，却已是千百年。

四川省博物馆外观

神奇的川剧变脸

去武侯祠

赶一场热闹的庙会

在人生的某些时刻，不妨傻乎乎并乐呵呵，这也算另一种形式的轻松快乐吧。

庙会很喧嚣，人潮很汹涌，浓浓民俗味，大家喜洋洋。倘若你喜欢热闹，别错过武侯祠的春节大庙会喽！

所谓庙会，其实也就是凑热闹。城市中的人们无甚走头，庙会算是一个合家老小凑热闹的好理由和好地方。庙会是灯会、小吃和各类杂耍的一个奇妙混杂，其中最不可缺少的要素还得算熙熙攘攘的人群。就恢复传统风俗的角度而言，确是好事一桩，咱们的城市因此变得更热闹更有过年的气氛。古时的庙会大约也就是这般热热闹闹熙熙攘攘的模样吧？

武侯祠是春节期间成都人气最旺的地方，全城人民扶老携幼，倾巢出动。熙来攘往，如登春台，只怕春熙路也远远不如这里的热闹。武侯祠大庙会把南郊公园和武侯祠的小部分以及锦里连为一体，地方很宽敞，还可以顺便游览武侯祠（其中的极小一部分）。从武侯祠大庙会举办伊始，浓郁的三国风就是庙会的主打元素，身着黄袍，头戴金冠，手舞宝剑，那位据说是“刘皇叔”后裔的表演确实有点“大风起兮云飞扬，威加海内兮归故乡”的气势。

灯会年年有，每年稍不同，三国文化灯展是每年武侯祠庙会的永恒主题。火烧赤壁、舌战群儒、单刀赴会、三顾茅庐等三国故事在灯会上一一重现。夜幕降临的时候，灯火辉煌，交相辉映，让我想起很小的时候，跟父母一起远赴自贡观赏恐龙灯会，有点时光倒流的感觉。浓郁的三国氛围让人感受特别，经典的三国人物造型还多了很多卡通版，看起来虽然有点滑稽和不伦不类。倒也感觉创新，很适合小朋友们照相摆造型。

小吃摊点永远是大庙会最热闹的地方，白家肥肠粉、乐山钵钵鸡、天主堂鸡片、川北凉粉、崇州叶儿粑、新疆羊肉串、杭州叫化鸡、绍兴臭豆腐、傣族竹筒饭，以及三大炮、丁丁糖、烤玉米……，都是那么热气腾腾香气扑鼻。你尽可以每样要上一小份，虽然不算十分美味，却也是一个品尝各色地方风味的好机会。在这里，我们吃的不是味道，而是一份热闹。

除了看灯会和品小吃，庙会还有很多有趣的民间工艺表演，剪纸、剪影、棕编、面塑、糖画、风筝、蜀绣、蜀锦、竹编、漆器，琳琅满目的表演看得人眼花缭乱。

抛开严肃和深沉，抛开烦恼和忧愁，在武侯祠的大庙会上，你只需跟随汹涌的人潮游走。在人生的某些时刻，不妨傻乎乎并乐呵呵，这也算另一种形式的轻松快乐吧。

吹糖人

热闹的灯展

三义庙的香火非常旺盛

看这枇杷多大！

初夏五月，

枇杷果园的酸甜诱惑

边吃边摘，边摘边乐，剥开黄澄澄的果皮，轻轻咬一口果肉，那新鲜酸甜的果汁顿时润满舌尖、喉间，一直润到心底。

站在龙泉西麓的山腰，山下远远的白色农庄若隐若现，坡下是层层叠叠郁郁葱葱的万亩果树，已经成熟的黄色枇杷点缀其中，间或吹来淡淡的橘子花香，深吸一口气，清凉的山风把所有闷热和烦躁一扫而光。

这是龙泉的万亩果园，初夏五月，又是一年蚕老枇杷黄。成龙路的尽头就是万亩果园的入口，从龙泉中学背后的小路拐进去，路边逐渐出现了小片的枇杷树和摆摊的果农，已是下午两点多，依然车水马龙，几乎达到堵车的状况，路旁的葡萄、枇杷、桃树都是那么清新可人。

走到水泥路面的岔路口，犹犹豫豫拐进一条机耕小道。然后到了桂花村，经过没有几片莲叶的荷塘，沿一条弯弯拐拐的山路爬坡而上。随着高度的增加，路边农家越来越少，空气也越来越清新，柑橘花的清香让人沉醉。坡度越来越陡，让人担心汽车能否开得上去。来到一个大坡前，犹豫了几下，还是走了右边的小道，结果越走感觉越不对，赶紧向好不容易出现的路边农妇打听，果然走错了。小心倒回岔路口，猛轰油门终于冲上山坡，拐一个弯就见到了传说中的枇杷庄园。

农庄并无太多装饰，低矮的房屋，杂草丛生的小院，粗芜的沙堆，热闹的鸡棚，和普通川西农家并无二致。山顶空气果然更清新，视野也更宽广。院子里几棵桃树已然结了泛红的毛桃，桌椅就摆在桃树中间，坡下就是郁郁葱葱的枇杷林。

坐下喝了两口茶水，摘枇杷的心情有点迫不及待。踌躇满志地拎了两个大桶，尚未走到最茂密的枇杷林，就已经忍不住沿路开摘。钻到最茂盛的枇杷树下，满树的果子黄得诱人，时而俯身，时而踮脚，加上长长竹竿的助力，不一会就摘取了让自己都看着心动的胜利果实。边吃边摘，边摘边乐，剥开黄澄澄的果皮，轻轻咬一口果肉，那新鲜酸甜的果汁顿时润满舌尖、喉间，一直润到心底。

摘完枇杷，在凉亭休息一阵，我们兴致很高，又沿着农庄门口的小路继续上山。这是一条美丽的山间小路，四周植被葱茏，坡上全是密林。路边不时出现的小黄花和蒲公英惹得我频频停下脚步，深吸一口气，把蒲公英的种子吹向空中，重温儿时的温馨记忆。高处的枇杷长势更喜人，大约因为海拔原因，尽管比山下枇杷熟得稍晚，依然诱惑我们跳下山坡钻到密林深处去摘那些可爱的新鲜枇杷。

回到农家，鲜美的土鸡汤和水灵灵的新鲜菜蔬已经在桌旁等着我们。和三五朋友坐在一起，吹着山风，喝口清茶，幸福日子赛神仙啊！

郁郁葱葱的枇杷林

这样的色彩，怎不让人动心？

麻辣鲜香，

舌尖上的狂欢舞蹈

这些乡人饭桌上最家常的菜式，总能让你一吃惊艳——味道实在是不摆了！藏在小巷中的地道美味终于让你真正感受到这个城市最市井的魅力。

有的人，因为川藏线和稻城来到成都；有的人，因为峨眉山和乐山来到成都；有的人，因为武侯祠和草堂来到成都，还有的人呢，仅仅因为追求那种闲散的气质来到成都。可是，最会享受的你，我知道你还会因为那麻辣鲜香的味道来到成都。

食在中国，味在成都。西藏和新疆是背包客们的天堂，成都就是美食客们的天堂。在成都，由于这样那样的原因，或许你的旅程并非完美无缺，可是，你却一定吃得心满意足。吃得尽兴，也是构成美好旅行的一个重要因素。

成都的餐馆之多，在全国数一数二，成都的餐饮业竞争之激烈，恐怕也算名列前茅。姑且不论羊西线、玉林、双楠这些著名的美食街区，试看在成都的哪条小街哪条小巷，不藏着几家味道极为巴适的餐馆呢？随便走进一家“苍蝇馆子”（成都方言，一般指背街处面积很小没什么装修的餐馆），也能尝到地道的四川美味。更难得的是，成都餐馆大都物美价廉，装潢精致的餐厅同样具有“平民价格”。

扪心自问，你可以错过最地道的火锅么？“日暮汉宫吃毛肚，家家扶得醉人归”，成都人喜欢邀上亲朋好友在火锅店里围炉而坐，店内气氛红火，锅中红油翻滚，吃得那叫一个欢畅淋漓！好吧，咱们就不去“皇城老妈”、“狮子楼”这些对钱包不友好的地方凑热闹了，“蜀九香”、“家家福”、“麻辣空间”、“老码头”、“两路口”、“庄子村”、“三只耳”，都是香飘数里入口赞叹的好味道啊！除了火锅，或许你也对小小竹签上的串串香深感兴趣。无论荤的素的，往小

麻辣鲜香肥肠粉

烤虾　这就叫色香味俱全

麻辣小龙虾

美味的东坡肘子

香辣虾

小的竹签上一穿，就穿出了价廉物美老少咸宜的串串香，穿出了诸如“玉林”、“王梅”、“老沈”等串串中的佼佼者。红彤彤的矮方桌和小板凳，热气腾腾的大锅红汤，大把的竹签子，油腻腻的地面，以及街边吃得酣畅淋漓的男女老少，这样闹哄哄火辣辣的场面大约也算成都的一大风景。更让人开心的是，素串和荤串都很便宜，就算吃到撑也花不了多少钱。来到成都，倘若不吃火锅，你就是白来一趟；只要吃过火锅，或许在以后远离成都的日子里，你仍会对那飘荡在空气中的麻辣鲜香朝思暮想。

那么，你又能错过最正宗的川菜？麻婆豆腐，水煮肉片，宫保鸡丁，夫妻肺片……，光是这些香喷喷的菜名就让人垂涎欲滴，即便最家常的回锅肉和鱼香肉丝，他们也能炒出非同一般的四川味道。那些生意红火、人气爆棚的地道川菜馆，不仅外地游客趋之若鹜，更是本地食客排队等位的地方，“红杏酒家”的红杏鸡、鳝段粉丝，“大蓉和酒楼”的开门红、棒子骨，“巴国布衣”的辣子脆肠和松鼠鱼，还有“乡村菜”的红烧鳝片、香辣脊髓……，你会惊讶地发现，原来自己这么能吃！倘若你对走街串巷更感兴趣，那么，就和成都人一起去吃那些藏在深巷或菜市的苍蝇馆子吧，尽管往往号称饭店，你可千万不要把它们想像成窗明几净的那种模样。无论“明婷”还是“雨田”，在服务员们的吆喝声中端上来的豆腐脑花、葱香腰花或者红烧肥肠，这些乡人饭桌上最家常的菜式，总能让你一吃惊艳——味道实在是不摆了！藏在小巷中的地道美味终于让你真正感受到这个城市最市井的魅力。

还有，怎么能忘了最成都的小吃呢？龙抄手、钟水饺、担担面、赖汤圆，它们承载着太多的历史记忆，或许口味已经不如从前经典，服务也稍稍落后于这个飞速发展的时代，你还是应该认真地品尝一次。不过，成都人当然不会刻意上街去吃这些传说中的名小吃，因为对他们而言，小吃根本不用找，满大街都是——很多时候小街小巷里的无名小摊往往做得比知名品牌还好吃呢。走街串巷吃点鬼饮食，那才是真正的成都饮食特色。

生在成都，实在是饕餮之徒的福气啊！这里的满街美食，那些麻辣鲜香的浓烈味道，让人想起就忍不住流口水。人生得意须尽欢，不要说游玩，仅仅在成都吃上几天几夜也是完全值得的。

迷离夜成都

小酒馆，

慵懒夜生活

若是月明星稀的夜晚，不管是三五良朋，还是一人小酌，尽可以喝酒赏景，不醉不归。

锦江河畔的悠闲时光

在暗夜微醺的成都街头，当你从火锅店或川菜馆酒足饭饱，或许需要找个地方进一步放松自己慵懒的情绪。成都是个充满了文艺气质的城市，就算是喧闹的酒吧，也有着自己的独特魅力。

若论当今成都夜生活的标志，九眼桥酒吧一条街是当仁不让的龙头老大。几十上百家各具特色的酒吧院落在锦江边上一字排开，霓虹灯影，人气极旺。小小的酒吧，简单的风格，雅致的装修，消费也比较大众，人均三五十元就可以痛快玩上一晚。你既可以把自己深深陷在酒吧的软软沙发，也可以在露天庭院独坐小酌。若是月明星稀的夜晚，不管是三五良朋，还是一人小酌，尽可以喝酒赏景，不醉不归。

不过，我还是喜欢“玉林”。这是一条散发着奇妙味道的文艺小街，这里汇聚了众多风格迥异的酒吧群落，酒精和文艺的气息在此微妙结合。“白夜酒吧”是诗歌与艺术交流的重要据点，主人是大名鼎鼎的女诗人翟永明。小酒馆则是成都地下摇滚的根据地，女老板唐蕾号称“成都摇滚教母”。无论文青、愤青，还是小资，都可以在玉林找到适合你的地方。

倘若你喜欢音乐，“音乐房子”和“莲花府邸”是两个不得不去的地方。或许你没有看过超女，张靓颖的名字你总该知道吧，在她站上超女舞台之前，就在这个以“满屋子的音乐”著称的“音乐房子”驻唱。可以安静，可以热闹，环境可能不算最好，听歌确实是最适合。喜欢那里的氛围，歌手都挺有水准，说不定哪天又出一个明星呢。

初见“莲花府邸”，我完全没有意识到这是一个酒吧。白天，锦里街上熙来攘往，这里只是翠竹掩映下的幽静小院，庭院内布置了诗意的假山和池塘，喝喝茶，聊聊天，充分体会那份惬意和悠闲；然而，夜幕降临的时候，这里摇身一变，成为一个灯红酒绿、觥筹交错的欢乐之地。这些年来，“莲花府邸”走出了郁可维、谭维维、王铮亮等气质男女，中西方风格在这里巧妙结合。喝酒听歌，人生圆满。

白日的莲花府邸

叁

桂林

缓慢的惊艳

■ 漓江烟云

桂林，静静地在桂北一隅，用亿万年的流水滋养塑造了丽质天成的喀斯特山水。漓江一路迤逦而来，水绕山色，澄明无邪，不失大家闺秀之大气天成。遇龙河小桥流水，温婉秀丽，自然温柔之乡，刘三姐绽放的青春，在河边榕树下情定三生，绣球轻抛。

那里有翠色招摇，田园牧歌，有古垣深巷，鸡犬相闻，有落英缤纷，碧水漫绕。那是一段淳朴、自然、简单、浪漫的时光，一种渗透灵魂的宁静的力量。

她轻轻松松容纳了三千宠爱在一身，却仍是一副淡然随性的姿态。

清代刘名誉著诗道：“我坐扁舟随意看，果然千朵碧莲花”；

POP MUSIC 中唱道“我想去桂林啊我想去桂林，可是有了钱的时候我却没时间。”

浪迹天涯的行者，纵览山水无数，却仍然被桂林深深打动。

漫步走过桂林，是一次，缓慢的惊艳。

独秀峰俯瞰桂林城

悠游
桂林小城

一座山水都市，自然之美和都市繁华在这里达到了完美的和解。

桂林小城的美，在于悠游，在于将自己的节奏从一个旅行者的匆忙和到此一游的功利心态中解脱出来，融入这座城市之中。远近的山峦像水墨般清淡，悠缓的漓江如同漫步。这个城市的居民一大早起来，也散淡着在山间水边打着太极拳，山水就像是市民的后花园般让人亲切。出租车、公交车都不紧不慢地按照小城的节奏开着。桂林人大都不急着做早餐，大街小巷的米粉店一统早餐天下。

城市格调的成长也是缓慢而从容的，不因日新月异的市政建设而显得突兀。十年前，榕湖边竹影摇曳，随着两江四湖景区体系完成，没有了原生态的竹影，也少了穿着背心的老头们在竹林躺椅上喝茶聊天的悠闲——城市规整得越来越好，自然的一面便被侵蚀——然而，当夜幕涌上，桂林市民们又回到湖边上乘凉吃小吃，票友们在湖心亭上表演桂剧，于是，人为的雕饰又渐渐被岁月洗去，原有的一份安闲以新的形式得到延续。

小城是善良而安全的，但凡问路，总会得到详尽的答案，蹓跶久了，看街上还是有年轻的女孩子独自走路回家，总觉得时间还早，抬腕一看，竟然已近午夜。

小城不大，精华景点大部分由一条绿荫笼罩的滨江路连接起来。所以，欣赏桂林山水的最佳方式就是闲逛。住在湖滨的旅店，晚上坐在水边享受一下凉风和桂剧，和市民们一起散步，早上睡到自然醒后，去“微笑堂”对面吃一碗老字号“石记”的米粉，然后一路逛逛繁华的中山中路和正阳步行街，一路吃过小吃来，靖江王城、伏波山、叠彩山、象鼻山和七星公园相距不远，以解放桥为核心，举目可互相望见。蹓跶着一两天游览完这些地方，方能体会到城市后花园的精湛之处。

桂林是个让人散淡的城市，由此，她的美和魅力的散发，也有些漫不经心。带着点真水无香的意味，像一个江边丽质天成、众人皆夸却不自觉于自己美丽的女子，自顾自地守着软玉温香的动人红颜，却过着平淡的朝朝暮暮的生活。于是，你被她的美浸透心灵而感到心慌的节奏也是缓慢的。

一座山水都市，自然之美和都市繁华在这里达到了完美的和解。她吸纳了成都迷人的慵懒气质，更多了些山水的清丽。她让众多劳顿于喧嚣都市的人们感怀于她的美丽宁静，宠辱不惊。与此同时，她作为大桂林旅行圈的中枢，担负起越来越多的旅行服务和支持职能，成为大桂林圈的游客集散地。

桂林的美，在于意境。江水、山峰、树木、花草、民间的街巷、人间的烟火、清晨的雾、黄昏的斜阳，恰到好处地配合起来，就有一种夺人心魄的力量。“廓外青山山外城，山城如画画难评。”桂林，给久居喧嚣闹市的人们圆了一个久违的梦境。

■ 完美组合：城市、人、山水

小小竹筏水中游

迷失
在美丽阳朔

小城不露声色地凝聚了桂林山水的各色精华，水色和西街浸润了人们的心灵，让所有的疲倦压力烦躁自闭功利解甲归田。

如果说桂林城是大家闺秀的落落大方，那么阳朔则胜在娇媚，她是上天眷顾娇养的小小女儿，温婉柔和，丽质天成。她被教养所成的惊人而不张扬的美丽，把心中的角角落落都妥帖地浸润了。

“两山多篁竹，翠色逼人而来。”沿漓江而下，与江水一同赶着步伐，追寻阳朔而去。丛丛的凤尾竹，缭绕的雾气，时时让人想起沈从文的这句经典描述。小城不露声色地凝聚了桂林山水的各色精华，水色和西街浸润了人们的心灵，让所有的疲倦压力烦躁自闭功利解甲归田。

在这里，你可以什么都不做。只是在西街尽头觅一块安静的青石板，托着腮看漓江水从清晨流到黄昏，览水光潋滟；可以随意找一家安静而与众不同的酒吧，偷得浮生半日闲，看西街人流逝者如斯；或是在街头巷陌，蹓蹓跶跶，让自己被世界遗忘。

在这里，你也可以做得很多。阳堤徒步，遇龙漂流，洗一个难得糊涂的泥巴浴，月亮山体验一把垂直极限的攀岩，热气球鸟瞰阳朔山水精华；大快朵颐啤酒鱼漓江虾，街头小品桂林米粉螺蛳酿；穿一件个性涂鸦的文化衫招摇过市，看看老谋子倾力打造的山为景水为台的仙乐骊舞《印象·刘三姐》的惊艳手笔，泡遍所有的特色酒吧，把小小一条街的老外老中都混成熟人，都市中的人际冷漠冰消雪融，乡村的淳朴、故土的融洽、北欧小镇般的从容淡定成为一种美妙的融合。

当夜幕涌上，两江四湖的迷人灯光闪烁，刘三姐歌声飘荡水上，漓江渔火点点，遇龙河悄然睡去，人类和自然共同演奏的箫声如此让人沉醉。山水都市桂林的故事，成为21世纪版本的子期伯牙，而以群山为景碧水为台的张艺谋大手笔山水剧《印象·刘三姐》，更是将这一和谐的美丽演绎到极致而成为惊艳。

阳朔，像我们少年时沉淀的一段温柔，像我们小轩窗，正梳妆的盈盈故人。

西街酒吧——旅行者酒吧著名的留言墙

九马画山

走一段

最华丽的漓江

如果说上天有两个美丽的女儿，大女儿是桂林，清秀宁静，小女儿是阳朔，天生丽质，那么，从兴坪到杨堤的这段漓江就是这小小女儿的迷人瞳仁，明眸善睐，灵光四溢。

如果说上天有两个美丽的女儿，大女儿是桂林，清秀宁静，小女儿是阳朔，天生丽质，那么，从兴坪到杨堤的这段漓江就是这小小女儿的迷人瞳仁，明眸善睐，灵光四溢。可以说，这一段是漓江精华水路风景中最精湛的一段。

兴坪位于漓江东岸，是古代漓江沿岸最大的城镇。三国吴甘露元年（公元 265 年）为熙平县治。县治迁走后，以熙平谐音，改名为兴坪。镇旁山下狮子崴口有一古榕，枝叶密茂，浓荫如盖，传为隋开皇年间所植。镇前深不可测的榕树潭，是天然泊船良港。兴坪镇依山面水，风景荟萃，现在尚有众多的文物古迹。画师徐悲鸿曾盛赞阳朔美景在兴坪。兴坪的老寨山山顶可俯瞰兴坪全景，风光无限。

莲花岩位于兴坪镇东北 3 公里的白山底村旁，因岩内拥有世界上溶洞莲花云盆（108 盆）最多而被地质学家称为岩溶奇观。岩洞全长 600 余米，洞内曲径通幽，钟乳石形态各异，景色奇特壮观。洞中潮湿，积起一层薄薄的清水，酷似莲花浮于水面。

老寨山在兴坪古镇老街头漓江榕树潭边，海拔 300 余米，在老寨山顶纵目远眺，兴坪佳景尽收眼底。黄昏时可以看到著名画家徐悲鸿倍加称赞的兴坪夕照。

从兴坪到渔村，船程十几分钟。渔村至今已有 400 多年的历史。全村依山布局，民居具有独特的风格，房屋青砖砌墙，小青瓦盖顶，门前青石铺阶，厅堂厢房高低相错，房房相接。在这块风水宝地上，山清水秀，人才辈出。村庄以赵氏家族为主。经过明朝与清朝战争、中日战争、解放战争以及文化大革命，这个村庄都没有被破坏，还是一个完整的古村。孙中山先生、美国总统克林顿都曾访问过渔村。

在兴坪镇下游一公里处的螺蛳山非常独特。山石呈现出一道道螺纹，盘旋而上，直达山顶，就像一个刚从深潭爬上岸的大田螺。传说这是仙女田螺姑娘变的。

而九马画山更是名声在外。历代流传这样的歌谣："看马郎，看马郎，问你神马几多双？看出七匹中榜眼，能看九匹状元郎。"旅行家徐霞客这样描述："其山横列江南岸，江自北来，至是西折，山受啮，半剖归削崖，有纹层络。"远望如画屏，故名画山。细看山壁石纹可依稀辨出群马形象，合称九马画山。相传它们本是天宫神马，趁齐天大圣孙悟空任弼马温时看管不严，便偷下凡间，在漓江边饮水时，被一画工看见，画工想描绘下来，结果马群受惊，慌乱中误入石壁而永留人间，由于它们均为神所变，因而形态莫测，难以辨认。清代李守仁为九马画山写了一首诗："淋漓大笔出天工，万古丹青一洗空。我泛轻舟山下过，也应添在画图中。"

黄布倒影美得好似一首诗——"分明看见青山顶，船在青山顶上行。"江的右岸有七个美丽的山峰，就像七位娴雅端庄的少女相依而立，这景称为"七仙下凡"。传说天上的七个仙女下凡到人间游玩，被漓江的景色迷住，流连忘返，于是违抗天命，化为七座青山，永远留在了人间。在晴天无风的日子，她们的倩影倒映在江中，十分清晰，令人分不清水上青山和水中倒影，于是形成了"黄布倒影"的景致。

距离杨堤不到两公里的地方有一个浪石村，村旁河中露出一片礁石，像起伏翻卷的浪花，故名"浪石"。右岸的大黄山、笔架山、冲天峰高低错落；左岸的白兔山、鸡仔山、凤凰山夹岸迎送。两岸之间，形成了一个峡谷，从峡谷的北端往南看，峡谷的碧水，像一个扁长的翡翠托盘，托着一个圆得像苹果的"苹果山"。烟雨蒙蒙，云雾缭绕时，这江峡的景色更富有山水彩墨画的意境。

风光如画

靖江王城

看一段

皇帝与格格的爱情注脚

孔四贞的身世以及她的爱情和不幸命运，已和《红楼梦》一起成为中国文学历史研究上的一个迷雾重重的疑问，也成为桂林城和百年风雨藩王府中一段美丽而凄迷的过往。

桂林教育史的见证者

要讲述桂林城的品性与格调，我们还是穿越长满古树和青苔、却仍然驻守在市中心的老城墙，走入200年靖江王城，去看看几代王朝的背影。王城的后花园，矗立着为这个王城遮风挡雨几百年的独秀峰。峰脚有月牙池，峰险池幽，更得桂林山水之意境。

靖江王城始建于1372年，门深城坚，气势森然，殿堂巍峨，山光水色。明朝共有11代14位靖江王居住于此，历时280年。明代大旅行家徐霞客久慕独秀峰盛名，曾四次请求登峰，均因为他身份低微而被靖江王拒绝，徐霞客因此遗憾终生。这座城池还有一个秀丽温婉而高贵的身影，她以乱世王女的身份，见证了桂林城的一段历史，她就是清朝唯一的一位汉族格格——还珠格格（实称和硕格格）。

清顺治初年，反清军队攻打桂林城，清定南王孔有德眼看城破，遂率领全家自尽以尽忠。而他的女儿孔四贞却因恰好不在王城而得以生还。清政府为表彰定南王的忠诚，将这个女孩收入宫廷养育。据说，孔四贞仪容秀美，擅长骑射，深受孝庄太后钟爱。年轻的顺治和豆蔻年华的孔四贞一见钟情，他意欲册封孔四贞为妃，甚至立为“东宫皇后”，却遭到钟爱孔四贞的孝庄太后的反对。后人猜测，鉴于孔四贞身份特殊，并早已许配偏将孙延龄，太后恐强娶孔四贞会激起孔有德旧部兵变，危及朝廷社稷。据说太后曾说："唯独这个孔四贞是不能封为妃子的"。顺治十三年，桂林方面谣言迭起，云孙延龄对孔四贞久居皇宫甚为不满，说顺治皇帝霸占了他的未婚妻，大有激起兵变之嫌。于是，孝庄皇太后即令孔四贞回到桂林成婚，掌握父亲孔有德的旧部。然而，孔四贞与孙延龄只有政治婚姻，毫无感情。实际上，因为政见不合，孔四贞也曾被丈夫软禁长达十年之久。直到三藩之乱，孙延龄被吴三桂所杀，孔四贞自此寡居，后辗转北京、广西带发修行。

一个藩王朝的末代王女，却能够成为清朝唯一的汉族格格，与清朝皇帝的一段爱情却有花无果，死后葬在北京的公主坟，这不能不为还珠格格孔四贞身世蒙上了层层迷雾。根据红学研究，《红楼梦》第三十一回《因麒麟伏白首双星》暗示的就是顺治和孔四贞、孙延龄之间的一段爱情纠葛以及孔四贞的真正显赫身世。孔四贞就是《红楼梦》中史湘云、迎春和妙玉的生活原型。孔四贞的身世以及她的爱情和不幸命运，已和《红楼梦》一起，成为中国文学历史研究上的一个迷雾重重的疑问，也成为桂林城和百年风雨藩王府中一段美丽而凄迷的过往。

独秀峰——南天一柱

杉湖的日月双塔

放舟

桂林水之夜色

环城水系被誉为中外名桥博览园和文物古迹博览园——19座借鉴中国赵州桥、卢沟桥及美国金门大桥等中外名桥修建的景桥点缀在山水之间，沿途文物古迹众多。

桂林的两江四湖让这座城市成为了中国的威尼斯，由漓江（市区部分）、桃花江、木龙湖、桂湖、榕湖、杉湖构成的环城风景带共同组成。环城水系被誉为中外名桥博览园和文物古迹博览园——19座借鉴中国赵州桥、卢沟桥及美国金门大桥等中外名桥修建的景桥点缀在山水之间，沿途文物古迹众多。

榕杉湖位于桂林城的中心，繁华的中山路穿过湖区。历史最早可以追溯到唐宋时期，当时为人工开掘的城南护城河，称为南阳江，元代称为鉴湖，明代城池扩建，成为内湖。自明代始，官府衙门多在湖边设置，富绅名士亦纷纷于湖边结庐而居，文人墨客于湖畔咏诗作赋，一时间榕杉湖成为桂林文化活动的中心。近年来修建的日月双塔，更是为两湖夜景增添了无限魅力。

桂湖是西清、宝贤、丽泽三湖的统称。南宋末年，为抵御蒙古军队的进攻，从宝祐六年至咸淳七年，桂林修筑城池。在修建城墙时，于其外开挖壕沟作为护城河，桂湖即为当时开掘的西城壕，由于引朝宗渠水进西壕，加上阳江之水倒灌，水面极为宽阔，成为一道天险。

今之木龙湖所在地，元代为一片桃树林，旁边仙鹤峰上的碧霞洞内曾建有庆真阁，为道人修身炼丹之地。明代靖王后裔朱镇山在此建别墅，自号瞻鹤道人。为了沟通内湖和漓江，桂林市于此开挖木龙湖，在水中建木龙塔，北岸建宋街，形成了这一片景区。南岸为桂林名山叠彩山。

两江四湖夜色最美，不妨放舟一游。

两江四湖的明珠

■ 阳朔美食

■ 原始人酒吧

品尝

充满“人间烟水”气的美食

放下所有都市的束缚和长大成人的紧张感，黄昏卷上，河面波光潋滟，一个个铺子小摊逛过来，让这些小吃，带我们回到远方的童年。

用不着丽质天成的桂林山水上阵，桂林的各种美食便已经能够自口腹直达灵魂，征服绝大多数人。桂林有街头排队成长龙的老字号米粉店，香气四溢物美价廉的各种水果，鲜灵灵的漓江虾、啤酒鱼，大盘大盘的田螺和各种酿菜，还有阳朔西街声名远扬的各式西餐。在眼睛享受了山水大餐之后，也从不会让肚子里的馋虫失望。

且不说名店名菜，光是街头巷陌的小吃就能让你乐不思家。暖暖的人间烟火，街头傍晚的习习微风，使平凡琐碎的生活让人无限眷恋。放下所有都市的束缚和长大成人的紧张感，黄昏卷上，河面波光潋滟，一个个铺子小摊逛过来，让这些小吃，带我们回到远方的童年。

桂林米粉不可不尝，全市几百家米粉店，家家口味不尽相同，骨头汤底是天不亮时就开始熬的，口味醇厚。著名的“石记米粉”位于乐群菜市大门侧、微笑堂商厦的对面，每天都很多人排队。乐群路与中山路交接处的又益轩也是誉满全城的老店。如果想吃马肉米粉，可以去“会仙楼”，据说它开设于清代道光年间，或者去汽车站斜对面的老明记，也是靠马肉米粉起家的。这里的米粉采用腊制的马肉或牛肉作配菜，汤底是马骨汤，米粉也是特别精制而成的，鲜香细滑，十分可口。

而到了阳朔，吃更是一大享受。在西街饕餮的日子是值得怀念的。如果说家乡菜的味道是思乡病的解药，那么西街的美味在拴住了游人们的胃的同时，也拴住了他们的心情。不管是法式大餐、香蕉饼、Pizza，还是苹果碎饼干牛奶蘑菇汤、火腿芝士猪扒，都做得精彩地道。以下这些有名的西餐单品是西街酒吧经营多年来形成的招牌菜，经历了无数客人的口舌检验和美食小资们的精心评点方脱颖而出，已经成为西街吸引八方来客的重要因素。这些西餐单品价格适中，比大城市的西餐厅便宜了不少，口味也比较正宗。从饮料到正餐到饭后甜点，加起来两个人吃 60 — 100 元就饱饱的了。

没有餐厅	“没有”特色早餐、香蕉饼
旅行者餐厅	Pizza、牛肉土豆泥派、西式橙汁鸭、苹果碎饼干
红星餐厅	Pizza 和黑椒牛扒
地球村	牛奶蘑菇汤、田螺（好大一盘）、香脆鸭
玫瑰木西餐吧	法式菜——法式酿鸡和法式火腿芝士猪扒
原始人酒吧	烤鸡（非常出名，要预定）、芝士蛋糕
明园咖啡	各式各样的咖啡，可以说是西街最好的咖啡
乐得餐厅	法国大餐中的各项
KARST 西餐厅	什锦比萨
鑫鱼鸟酒吧	罗三亚

阳朔的漓江啤酒鱼久负盛名，当属阳朔第一名菜。要寻找啤酒鱼店家并不难，因为店面或胖或瘦的师傅们都举着一条硕大无比的鱼。吃啤酒鱼最好的地方就是叠翠路啤酒鱼美食广场，那里的“大师傅”、“谢大姐”、“一片瓦”、“彭大姐”、“老段大排档”等都颇有口碑。从西街往北，很多路都可通向这条啤酒鱼美食天堂街。

吃完了大餐，还可以去找些饭后休闲点心。流动小摊上会有油炸的糯米糕，金黄的，粘粘的又香甜。一碗浓香油茶，放进各种佐料，葱花、米花、油果子、松花糠，热腾腾地喝下去真是幸福啊，据说油茶会使头发乌黑油亮。当然，漫步在桂林的街头巷尾，你或许也能和一个小小的芝麻糊小摊相遇，暖暖的糊有童年的气氛。再买上一个热热的阳朔粑粑，就是一份完美的饭后甜点了。

没有饭店

西街的夜色

体验

“泡在西街”的生活方式

这里的时间被拉长又放慢，像一杯深红色葡萄酒荡漾的酒晕一样，缓慢、放松、怀旧而有着不可言传的浓郁。

西街，需要体验，而不是走过。

只有在那里，“泡在西街”才成为一种理直气壮和浑然天成的生活方式，要是有谁在西街行色匆匆做奋发图强状，会被当成怪物。这里的时间被拉长又放慢，像一杯深红色葡萄酒荡漾的酒晕一样，缓慢、放松、怀旧而有着不可言传的浓郁。

西街是阳朔县城中心的一条古老街区，房屋古朴典雅，桂北明清时期风格，小青瓦、坡屋面、白粉墙，吊阳台，临街小楼的后边别有洞天，回廊曲折，让人生出些许墙内秋千墙外道的怀想。西街的尽头就是碧绿如玉的漓江水，朝朝夕夕逝者如斯。酒吧是西街最大的招牌，招摇着与北京三里屯和后海截然不同的文化气氛。流淌的碧水让她们始终氤氲着缓慢的时光感觉和理想主义的色彩。来自四方的人们在这里相遇相识，不同颜色的瞳仁或默默注视或浮光掠影，传说的故事永远在窄窄的街道上飘荡。

漓江是不结冰的河流，西街的人们之间，也总是暖暖的。“没有饭店”菜单很有特色，满篇都是不苟言笑的“没有”，再也没有哪家餐馆有这样可爱的霸道。月亮下餐厅很罗曼蒂克，似乎更适合情侣和永不放弃小资情调的旅行者。“明园咖啡”以一贯坚持的优雅和清丽而闻名。“明园”的主人也从不掩饰对于自己咖啡的信心和骄傲。“乐得餐厅”夏日里的阳伞是她的招牌场景，最适宜下午阳光充沛时，坐在洋伞下，细嚼慢咽，发发呆，真是神仙生活。“如果酒吧”扎着马尾辫子的帅老板总是坐在店门口或是桥头看水发呆，遇到他顺眼喜欢的人就喊人家进来坐坐。西街的尽头是阳朔历史的沉淀处——山水园。里面的历史文物和石刻值得一看，去琢磨琢磨“带”字石刻的玄机也颇有趣味，老阳朔的风流与繁华尽在这个看似平淡的公园。虽然岁月流去，鉴山寺也已经迁走，仅留有一个空的躯壳，然而这里总还是像老上海的街道巷陌一样，散发出挥之不去的情调。

西街——一段流浪时光

遇龙河，

拥有中国最美的漂流

她像是阳朔城青梅竹马的恋人，一路依恋而来，在阳朔声名日益上升的今天，她仍然静静流淌在青山翠树之间，略带羞涩的美丽沁人心脾。

“溪流如弓背，山路如弓弦，故远近有了小小差异。小溪宽约二十丈，河床为大片石头作成。静静的水即或深到一篙不能落底，却依然清澈透明，河中游鱼来去皆可以计数。”沈从文描绘边城河流的语句，用在遇龙河的一脉清流上，依然这么贴切。

遇龙河是漓江在阳朔境内最长的一条支流，人称“小漓江”，是自然大化给予阳朔的最丰厚的馈赠。她像是阳朔城青梅竹马的恋人，一路依恋而来，在阳朔声名日益上升的今天，她仍然静静流淌在青山翠树之间，略带羞涩的美丽沁人心脾。曾有一位来自美国的环境学家赞叹道：“这是我在中国到过的最美的地方！”

遇龙河游览主要是指从遇龙桥到工农桥这一段，有28道堰坝，是遇龙河的精华所在，有竹筏可以乘坐，最适合宁静地漂流。沿河顺流而下，即可与美丽的桥梁和民居一一相遇。

遇龙桥是著名的拱形石桥，桥畔古木参天，青藤缠绕，风蚀斑驳的痕迹于沉寂中述说着一份久远的历史。仙桂桥则为广西现存最古老的单孔石拱桥，始建于宋代宣和5年，至今八百余年仍完好无损。旧县村约建于1400年前，唐武德四年至贞观元年（公元621–627年）曾在此设归义县。旧县村的村落民居建筑多马头墙、青砖黛瓦、坡屋面。旧县村民居前还陈置有几处成对的石刻雕塑，雕塑上镌刻有祥云、龙凤、狮子和鱼儿等吉祥图案，此外还有“禹门”字样的建筑牌坊。工农桥为遇龙河的一个重要交通枢纽，周边聚集着月亮山、大榕树等重要景点。遇龙河、金宝河在工农桥下汇合而为田家河，形成天然的“三河口”。倘若雨季，金宝河浑黄浊流，而遇龙河则一碧澄澄，两条河流，一清一浊，泾渭分明。桥两边风光无限，南望一山如骆驼，这是阳朔名景——骆驼过江；西望金宝河遇龙河一路迤逦而来，据说河边曾有画家徐悲鸿先生的别墅。

工农桥是遇龙河漂流的终点，漂流竹排多在此上岸，桥下竹排纵横往来，桥上车水马龙。工农桥周边水域还有另一种短途漂流——大型竹排可承载约 10 人，扮成刘三姐的女孩子在江上与游人对歌，一般以接待旅游团为主。所以工农桥一带很热闹。

工农桥上看风景

《印象·刘三姐》，

品味音乐与视觉的盛宴

唯美的山水与歌舞，成为阳朔浪漫主义的经典标志。

如果你已经很久没有美丽的梦境，如果你已经迟钝了对于艺术和美的激情，那么，来到山水间，看看《印象·刘三姐》吧。如果你因此而神游，江畔的夜晚，不会有人打扰你的心情。

十二座背景山峰，方圆两公里的漓江水域，世界上最大的山水实景剧场。

张艺谋，全球最具魅力的导演之一。

刘三姐，一个自天上降落凡间的歌唱精灵，传唱最久远的民族山歌。

唯美的山水与歌舞，成为阳朔浪漫主义的经典标志。

《印象·刘三姐》由“序——山水的传说”、“红色印象——山歌”、“绿色印象——家园”、“蓝色印象——情歌”、“金色印象——渔火”、“银色印象——盛典”、“尾声——天地颂唱”七大部分组合而成。600余名白天在江上劳作、晚饭后划着竹排来表演的渔民，为整个演出平添了“原生态”般的精彩演绎。

在“山水的传说”单元，光束映亮了天空，“刘三姐”乘船出现在观众的视线中，远处的竹排亮起了星星渔火。“红色印象”里，近百名渔民撑起竹排穿梭在水面。满江飞舞的红网极具张艺谋风格的视觉冲击

力，满江渔民舞动的红绸似在水中燃烧。“绿色印象”中，落霞、炊烟、牛群、牧童、洗衣的村妇、唱晚的渔船，一幕幕乡村小景舒缓地展开，讲述漓江人民美丽家园的故事。“蓝色印象” 浪漫情歌是由台湾著名歌手齐秦、齐豫重新演绎的刘三姐经典情歌《藤缠树》，那缠绵悱恻的爱情弥漫江上，凤尾竹林、吊角木楼、弯弯月亮点缀其中，纯真无邪的漓江嫁娘踏歌起舞。所有的一切化成了情歌的音符，在山水中歌唱。“金色印象”展现的是土生土长的漓江人祖祖辈辈的一种古朴的劳作方式。“银色印象”表现了刘三姐传说中的民间庆典场面，200 个漓江女儿身着银灯服饰，在江面上摇曳走过，营造出漓江上从未见过的绮丽景象。

当渔火渐渐远去，刘三姐的歌仍在天地间飘荡，挥之不去。

红色印象：《刘三姐》中最具张艺谋风格的场景

■ 西街——千年的青石板路

寻找

阳朔流落的往事

比起尘土蒙面的历史藏书，这部至今依然散发着人间烟火气的历史，更加活色生香，却仿佛这千年的过往，只是睡去而不曾老去。

正如同散落在阳朔土地上各处的山水桥井一样，阳朔的历史也是飘荡在人间红尘的。作为一个山水间的小城，她自出生便注定不会有鸿篇巨制、经史子集来记载她的成长和变迁。于是，想要寻找阳朔的从前，踏上你的单车，背上旅行包出发吧，乡间的风、阳光下的青石板和细语的溪流，会告诉你这些流落的往事。

建筑是历史与时间的信物。高田镇朗梓古建筑始建于清末，现存古建筑11座，其中古炮楼2座。最高处的古炮楼为五层，均为青砖砌筑。由青石板铺砌的村道大约2000米，具有典型的桂北壮族民居特色。这里因地处偏僻的山区，楼群的设计具有很强的自卫防御功能。据说炮楼的原主人是清末民初的将军。

白沙镇遇龙桥——阳朔县重点文物古迹。位于白沙镇西部遇龙村，横跨遇龙河。为明永乐十年所建。该桥系阳朔县三大古石桥之一，纯用料石砌筑，未用灰浆，历经数百年而无损。清朝同治九年增建桥上的石砌栏杆。石拱两侧青藤紧垂，古色古香；桥下流水悠悠，是世代村民们挑水洗衣的天然场所。白沙镇旧县仙桂古桥——该石桥始建于宋宣和五年，采用极为罕见的并列砖法，系广西现存最古老的单孔石拱桥。该桥为阳朔县三大古石桥之一，属重点保护文物。

白沙镇旧县归义石城——阳朔三大古城遗址之一。位于白沙镇旧县村，始建于唐武德四年，遗址占地30余亩，现仅存城墙，系黄土夯成，厚6米、高约3米，四周各长200米，构成正方形城郭，有东、南、西三门。

从“绿树村边合、青山郭外斜”的阳朔周边回来，小小一座县城正急切地要告诉你她的往事，那么，让我们慢慢踱步，从这个热情而活泼的小城中，寻找她旧岁的痕迹。

碧莲峰西面山脚下的莲峰巷中有一座米黄色的二层建筑，这就是中山纪念堂。1922 年，时任非常大总统的孙中山先生率船队由梧州抵达阳朔，发表了《实行三民主义，开发阳朔富源》的著名演讲。他游览了碧莲峰下的南山厄、金鉴山寺及阳朔公园。为纪念孙中山先生，1931 年在碧莲峰西麓建立了纪念堂。

沿着西街往前走，到了位于三岔路口的江西会馆。现已成为法国两兄弟操办的“鸿福饭店”和“乐得餐厅”的所在地。向东漫步到县前街的双月桥。这座双拱石桥始建于 1938 年。

沿着县前街，至县政府门口不远处，可见徐悲鸿先生故居。这座房子为李宗仁先生所赠。1936 年 12 月“西安事变”，当时徐悲鸿到桂林作画、写生，被“抗日”和“反蒋”的口号所鼓舞，不计个人安危，义愤填膺地写了一篇斥责蒋介石政府贪污腐败和汪精卫卖国投降的文章，发表在《广西日报》上。广西军政领导李宗仁、白崇禧、黄旭初等人对徐悲鸿这种态度十分敬重。这座故居即可看作是徐悲鸿与李宗仁个人友谊的见证，也是徐悲鸿民族责任感的纪念碑。1935 年至 1938 年，徐悲鸿先生在此生活了三年，并创作了大量的传世之作。

再来说说阳朔的灵魂——西街。至清代，西街成为阳朔的商业中心，又有江西会馆落户，呈现一派繁荣。因此，在经历了千年的沧桑之后，如今的西街还保持着明清时代的格局。青石板路，水青砖墙，镂花门窗，流走了千年的风云变迁。

寻找阳朔的渊源，还有一个人是不可忽略的，他就是曹邺。他是阳朔县人，曾屡应科举不中，流寓长安达 10 年之久。唐大中四年（公元 850 年）中进士，为桂东北地区开创进士科名的第一人。高中后的他写下了《寄阳朔友人》：“桂林须产千株桂，未解当天影日开，我到月中收得种，为君移向故园栽。”希望桂林今后能出更多的人才。

曹邺善诗，清代举人王维新评价说：“唐代文章原后起，岭西风气实先开。”可以说是广西第一个著名诗人。《全唐诗》里共收了他 108 首诗作。其中有不少千古名诗，如《官仓鼠》：“官仓老鼠大如斗，见人开仓亦不走。健儿无粮百姓饥，谁遣朝朝入君口。”《怨诗》：“手推讴轧车，朝朝暮暮耕。未曾分得谷，空得老农名。”曹邺的横溢才华以及对父老乡亲真切的同情，让他成为阳朔文化品性和精神的代表人物。

阳朔的历史由这些古老的建筑、砖石、市井和人物所构建，比起尘土蒙面的历史藏书，这部至今依然散发着人间烟火气的历史，更加活色生香，仿佛这千年的过往，只是睡去而不曾老去。

遇龙桥——青藤缠绕的古老历史

西街旅馆

找一家

最美的客栈

据说当年店主梦想着能够经营一间像家一样的酒店，如今他的理想已经实现，每一个投宿的客人就好像是远道而来的故人，大家聚在一起分享着不同的故事。

街边一景

作为一个老牌的旅游城市，桂林城和阳朔的旅店整体来说还是功能齐全、等级多样的，尤其是中等价位的旅店很多，分布在市区各处，非常方便，适合普通旅行者入住。

相对而言，桂林城以中山中路（南门桥—博爱医院）和解放东路（十字街—七星公园）为直径的内环线是很适合旅游住宿的，最佳的住宿地点在阳桥榕湖附近，那里闹中取静，环境优美，交通方便，距离市中心咫尺之遥。桂林主要的旅游景点和商业区都在这一区域辐射范围之内。

阳朔虽然各处都有宾馆，但是想玩得好玩得舒适还是不能离开西街的势力范围。“鸿福饭店”位于阳朔西街正中地段，由旧江西会馆改建，客房面积宽敞，与“乐得法式餐厅”连为一体，坐落在碧莲峰山脚下，饭店古香古色，建筑风格以及房内设施极富传统明清时代特色。坐落于西街中心的园林式“民族饭店”——

小青瓦、白粉墙、原木窗、红木小桥、流水，风格别致，优雅清静。

“望江楼客栈”也别有韵味，建筑在漓江之畔。不远处就是西街。据说当年店主梦想着能够经营一间像家一样的酒店，如今他的理想已经实现，每一个投宿的客人就好像是远道而来的故人，大家聚在一起分享着不同的故事。晚上，你可以枕着漓江的涛声入眠。

阳朔西街客栈

生长在梯田瑶寨的美丽女子

带走

一份想念

无论如何，到了桂林，至少要买些“桂林三宝”——辣椒酱、豆腐乳、三花酒中的一样带回去。

桂林旅游产品的种类很丰富，从昂贵的珠宝到物美价廉的饰品，从独具特色的土特产品到美味的地方小吃，都可以在这里搜罗到。买珠宝可以到挂有“国家鉴定处”牌子的珠宝店购买，而价格便宜的饰品则可以到磨盘山码头附近或者瓦窑国际旅游商品批发城购买，一定记得还价。改造一新的中山中路、情调优雅的正阳路步行街是购物的好去处。阳朔西街是购买特色艺术品、民族服装和各种招人喜爱的小玩艺的好地方。

桂林有很多著名的土特产，沙田柚、夏橙、罗汉果、白果、荔浦芋等，此外还有桂绣、梳篦、纸伞、手绘式屏风等可供选择。无论如何，到了桂林，至少要买些“桂林三宝”——辣椒酱、豆腐乳、三花酒中的一样带回去。买桂林三宝，要认清出产厂家，否则口味很难保障。

最好去大型超市购买土特产，那里货源充足，价格童叟无欺，质量也有保障。购物区有正阳路步行街、王城商厦、中心广场小香港地下商业街区、八桂大厦、微笑堂、桂林大世界、桂林百货大楼，还有不少时尚小店。天气不冷的季节，晚上 7 点以后的中山中路半边管制，半条街全部都是一个挨一个的红色售货蓬，还有很多小吃，非常有市井风情。

西街上的特色商店也值得一逛，西街上的个性 T 恤店有两种特色：

一是现场手绘 T 恤，二是写上各种文字的文化 T 恤。或许这里正是释放自我的天堂，因此 T 恤衫也扔掉了“我思故我在”的玄妙沉默，大大咧咧地有啥说啥，“我想找个老婆”、“我挣钱，老婆花”、“我吃饭，不洗碗”等，如孩子般童言无忌。西街上的四家 CD 店，都是以经营外文唱片为主，种类齐全，不容错过。另外，也有 DVD 新片出售。如果你喜欢摇滚，就去那家叫“MUSIC HEAVEN”的，据说常有发烧友在那里大把扔银子的。西街的工艺品店卖的东西都很好玩，值得好好淘淘，大多是仿古品。有些手机链的设计还是很超前的。刻一个牌牌挂在胸前也挺有意思。有几家东巴文化的艺术品店，里面的东西都是原创的。西街上还有不少很特别的服装店包店，都蛮有个性的，如“西街往事”、“阿土”、“酸三色”、“民族秀”等。不妨买条土布蜡染裤子，在西街上闲逛着招摇过市吧。

西街服装店

龙胜梯田

龙胜梯田，

智者乐水仁者乐山

龙脊，是一则朴素的寓言。人类的智慧和对于自然的谦逊，是这则寓言的书写者。

桂林山水的美与和谐来自自然大化的馈赠和匠心独运，于是山如碧莲水若罗带，水绕山色，山居水上，自古以来水和山都出落得倾国倾城。然而，龙胜的龙脊梯田打破了这一最为经典的山水组合方式，将山与水、自然与生活进行了完美的调和。

龙胜属高山区，温差极大，山峰连绵，河谷幽深，海拔 1500 米以上的山峰 21 座。这里的水和山如同水乳交融般交错组合，一级级直攀上云雾中的巅峰。梯田始建于元，完工于清初，是世界杰出的稻作文化景观，可谓大桂林旅游圈里的一部立体田园诗。龙脊梯田概指方圆 66 平方公里的梯田，由平安壮族梯田和金坑红瑶梯田组成。梯田如链似带，从山脚盘绕到山顶，线条行云流水，规模磅礴壮观，所以人称“梯田世界之冠”。梯田修造在海拔 300 米至 1100 米之间，形成苍茫壮阔铺天盖地的梯田群体。由于山势险峻，密密匝匝的田块，像片片“龙鳞”镶嵌在磅礴高峻的“龙体”上，平安壮族梯田像条迤逦行进的长龙，金坑梯田则是条蟠曲的巨龙。

龙脊，是一则朴素的寓言。人类的智慧和对于自然的谦逊，是这则寓言的书写者。

这里曾是一片荒芜的群山，因为山的坚硬和陡峭，五谷无以为家，

龙胜梯田——美景如画

人民饱受饥馁之苦。于是，人们引来一脉水源，开始书写龙脊的神话。在群山之上，开出一片片如柳叶月牙般的田地，一层一层延伸而上，因为这宝贵的小小平地，水得以被涵养，禾苗得以扎根和吐穗。秋收之时，昔日的荒山变得一片金黄。

勤劳智慧的人们并没有因为他们改变了自然而变得狂妄，相反，他们更多地认识到富足和收获来自自然大化的馈赠和宽容。为此，龙脊人自古以来立下了铁的戒律，严禁乱砍乱伐毁坏山林和水源，严禁随意烧荒开荒破坏水土。那用来警示告诫的铜锣声在这片蓝天下回响了好几百年，于是，才有龙脊山有多高水也有多高的景象。龙脊梯田才能在历尽沧桑后还是那么生机盎然，完美无缺。

龙脊有四宝，分别是龙脊茶叶、龙脊辣椒、龙脊水酒、龙脊香糯。龙脊茶叶在清朝时候是贡品，细品其味，先觉苦涩，继而感到纯香清甜；龙脊香糯酿成的龙脊水酒香甜可口；龙脊辣椒有一股浓烈独特的香味，皮厚子小，辣味适中。

这里的旅店也有着独特的风情，著名的旅店“七星揽月阁”地势很高，凭窗就能看到“七星伴月”。占尽天时地利的优势，旅游旺季时往往是最早客满的旅店。龙胜梯田其实还有自己藏在民间的真正美味，推荐山水豆腐、自制腊肉、新米白饭。

龙胜梯田——山与水的交响

灵渠

寻访

千年灵渠

在这没有任何凌厉凄凉之气的灵渠水边，数千年前的汹涌军团的记忆，似乎仍能够穿越时空，给每个游走的灵渠碧水边的人们带来震撼。

北距桂林市60公里有一条千古灵渠，承载着厚重的文化。曾有古人在蜿蜒流淌的无定河边写下“可怜无定河边骨，尤是春闺梦里人”的传世之句，为战争做注。可是，在这没有任何凌厉凄凉之气的灵渠水边，数千年前的汹涌军团的记忆，似乎仍能够穿越时空，给每个游走的灵渠碧水边的人们带来震撼。

今天，灵渠的一弯碧水氤氲的温柔气象，让人无论如何很难把她与秦朝的铁马金戈相联。然而，几千年前，正是这弯碧水，承载运输了秦国军队最重要的粮草，从而将秦始皇的野心和权势推进到更深远的南方。“南有灵渠，北有长城”，始建于秦始皇时期的灵渠，是全世界最古老的水利工程之一，同时也是全世界最古老的军事航道。

灵渠由大小天平、铧嘴、泄水天平、南北渠、陡门、秦堤等主要工程组成。大小天平呈“人”字形，是拦河滚水坝。大天平长344米，小天平长130米。铧嘴筑在大小天平之前的分水塘中，形如犁铧，使湘水“三七分派”。南北渠是沟通湘漓二江的通道，全长36.4公里。公园内也很清静，在灵渠住宿感觉非常好，有一座安静雅致的灵渠饭店就坐落其中。

一条著名的河流的青年时代——漓江上游从此流过。公元前214年，嬴政挥兵50万攻打岭南百越，苦于远离中土，粮草难运，令史禄主持修建了中国最早的运河——灵渠。它连通了湘江与漓江，为北方的军事物资运往岭南地区提供了通道。此后，携交通之便利，兴安成为商贾文教重地，水街繁盛一时，漓江书院也因此而立。清代著名诗人苏宗经曾经这样形容水街：“径缘桥底入，舟向市中穿；桨棹挥波易，蓬窗买酒便。”灵渠公园后门和兴安县城的水街相连，一脉清流，串起了长长的景致。

如今，修复过的兴安水街，保留了大量明清时期石雕石刻，浓缩了桂北两千多年历史文化，展现了秦汉建筑文化精华。与城市融为一体的水街，杨柳依依，碧水潺潺，成为游人休闲的好去处。

灵渠

苏州

昆曲与评弹的悠闲时光

山塘安宁的清晨

习惯中总是和杭州并称的“人间天堂”苏州，其实并不是杭州那样已经迈入现代时尚的大都市，两千五百年的历史文化浸淫，赋予苏州的气质始终还是一座婉约柔情的水乡小城。

这是如水般柔情缱绻的古城，细密纵横交织的河道网络，如大树的枝丫蔓延渗透于城市的脉络格局，于是，有了那一条条凭窗临水的河街，有了那一座座古老石桥襟带两岸，有了长巷深处粉墙乌瓦的幽幽古韵，轻而易举将行走的心情隔绝于喧闹世俗的万丈红尘之外。于是，你可以漫步垂柳依依的河道边，空气中飘散水汽花香，你可以探访某座深藏巷陌间的私家园林，品味山水园林文化的精妙之笔。或者就在某个临水的小亭闲坐，某个紫藤花架下发呆，某间咖啡馆茶肆里品茗遐想，这座城市中永远不缺乏停留的角落，随处荡漾的都是闲情散漫的节拍，如水般的温柔，如水般的泛滥，轻轻松松将你淹没收服。

这里有吴侬软语的评弹丝竹，有古老戏曲的水袖粉墨，生活的节奏便如这流水唱腔，自在闲散。江南的山水灵秀滋养了一批又一批风雅的文人墨客，留下珠玑绚烂的文化诗篇，也传承下了一份充满闲情逸致的生活格调。鱼米之乡的丰硕物产更催生了层出不穷的美食佳肴，老字号的经典和苏菜面点自成一格，在软绵甜腻中征服了老饕们的味蕾。也许就是这样太过精致婉约的生活情调消磨了竞争的斗志。苏州，安于这份与世无争的小城岁月，两千多年的光阴荏苒，每一次相逢都是如此从容淡泊，娴雅静好。

平江路

平江路

上的优雅小调

这里的某家咖啡馆，某间书肆，某个甜品屋，某间青年旅舍，都在无声中传达着一种散漫逍遥的从容自若。

午后时光，平江路上一派静谧安详。柳丝斜斜，阳光照在河水上泛起涟漪波光。小桥流水，粉墙黛瓦，车水马龙的喧嚣嘈杂瞬间被挡在万丈红尘之外。青年旅舍内推出几辆自行车，年轻的男男女女骑行着进入纵横的巷陌。临水的茶楼敞开着门窗，窥得到内中八仙桌苏绣青瓷茶具的幽幽古韵，也有茶馆的藤椅摆在了河边柳荫下，三两个知心朋友细细私语，偶然走过挑着竹筐售卖莲蓬的大嫂打破这片沉静，碧盈盈的莲蓬清香飘散于空气之中。

这就是苏州的平江路，在水乡风物的巷陌格局中打造出了一番精致婉约的小资新情调，这里的某家咖啡馆，某间书肆，某个甜品屋，某间青年旅舍，都在无声中传达着一种散漫逍遥的从容自若。

一家叫做“天空之城”的概念书店成为文艺青年流连驻足的地方，用书籍压制成的柜台，可以寄给未来的明信片墙，听着柔和的音乐，喝着浓香的奶茶，可以在明信片上信手涂鸦，也可以静静阅读一本自己喜欢的书，这里的书籍无疑都是很小众的，能找到一些别处很难寻觅的孤本，也许不知不觉中就在这温馨的小书屋内度过了一个下午的悠然时光，可能什么也没有买，老板和店员仍然愿意和你成为朋友。

路过一家艺术桥画廊，传统的江南老房子里展示的是新派的当代艺术，简简单单粉刷的白墙上悬挂着艺术家的作品，静寂无声的氛围内听得到自己的呼吸声。平江路上有不少这样低调而宁静的小画廊，也许我们在都市的喧闹中已经很难有赏析艺术的空间，而在这里，终于可以停下来给浮躁的心一点高雅的熏陶。在这些画作里也总是能看到来自苏州的灵感，这里的粉墙黛瓦、小桥流水、园林亭阁，虽然变幻了抽象的手笔，掺杂了夸张的色调，却仍然是永恒不变的姑苏主题。

走入一家叫做“抽屉”的布艺小店，这里应该是女生的专属领地，铺着红格子台布的桌子上摆放着小巧的缝纫机，墙上挂满各色精致布衣作品，你可以在这里一边品尝甜点，一边学习手工，自己动手做一个卡通娃娃也许就是今天最大的收获。这样精致特色的小店还有不少，在这里并不仅仅是享受购物的乐趣，还带来了一份心灵洗涤的体验。

走得累了，一家叫做“桃叶铺”的甜品小店可以歇脚，很小的空间，简约朴素，双皮奶奶味浓郁，细腻如同羊脂，西米露珠圆玉润的晶莹，姜汁撞奶滑嫩得仿佛豆腐块。几样小小的甜品，甜甜蜜蜜地滋润味蕾，也滋润心灵。如果还不过瘾，再去“品芳茶室”叫上几样小吃，桂花糖芋艿、酒酿圆子、蟹粉小笼、绿茶佛饼、泡泡馄饨，每样都精致可爱，每样都回味着甜腻婉约的姑苏风味。

平江路可以让你轻松悠闲地度过一天的光阴，寻觅小店也好，泡茶馆也好，听评弹或者昆曲，抑或就是漫无目的地闲逛，这里总能找到让你钟情的时光印记。

平江路上的茶楼

■ 昆曲

昆曲与评弹
的下午茶

就作为一个外行人，混迹于本土的老苏州中，茶馆里听一场评弹，在弦琶琮铮中逍遥自在吧。

“原来姹紫嫣红开遍，似这般都付与断井颓垣”。平江路，中张家巷，全晋会馆，幽深的老宅内传出了悠扬缠绵的唱词。雕梁画栋的古建筑重新粉饰一新，六百年昆曲重登台，古老的戏曲艺术如古老的建筑般，在风雨飘零的时光荏苒中没落过折损过，终于等来了时代变迁的新生。还是那一曲唱词节拍，还是那一袭锦袍绣裙，还是那一方小小的戏台天地，台上台下却已斗转星移，变了乾坤。只是那“水袖宫扇对镜簪花黄”，那“缠绵儒雅风流相思意”，那一颦一笑，一唱一念，婉约轻柔间挥洒的独独还是属于苏州的风情。于是，这一个下午，我们似乎追忆着时光而去，回归古典婉约的时代。这边是含羞默默的千金小姐，风流倜傥的清俊小生，才子佳人情意绵绵终成眷侣；那边是身手矫健的短打武生，插科打诨的小丑搞笑，轻松幽默中也赢得掌声连连。古老的会馆内没有太先进的音响手段，却并不妨碍一份天音流转，绕梁不绝。

走出了昆曲博物馆，隔壁相邻的老宅内又另有一番风景。几元钱，状元桌，盖碗茶，一男一女端坐台上，穿的是大褂旗袍，弹的是三弦琵琶，一段历史风云或者豪侠演义便说说唱唱地摆开了阵势。这就是苏州的评弹。如果说头顶非物质文化遗产桂冠的昆曲是优雅清高的阳春白雪，那么同样弹唱着吴侬软语的评弹在苏州人民的日常生活中则显得更加平易近人。“梅竹书苑”、“光裕书场”、“品芳茶社”、“钱塘茶人”，有评弹的书场和茶社比比皆是，全中国最美丽的声音汇集于此，即使，你听不懂那唱词里的故事情节，品不明起承转合间的抑扬顿挫，弄不清为什么入神，为什么等待，为什么释然，即使是这样，那也是无伤大雅的事。音乐节拍中流淌的是姑苏雅韵的气质，说唱谈笑间透露的是生活笔墨的市井烟云。就作为一个外行人，混迹于本土的老苏州中，茶馆里听一场评弹，在弦琶琮铮中逍遥自在吧。

然后，你可能会很惊讶地发现，走在古城之中，似乎耳边随时会飘过评弹的绵绵之音，或者是某间酒肆茶楼的余兴节目，或者在华灯初上的山塘街，又或者，走进深弄小巷，停靠河边垂柳，一抬头，一转弯，一凝眸间，突然被这份悠扬的曲调弹唱击中，原来它是这样鲜活地流转于苏州的生活瞬间，它是这样通俗自然毫不矫揉造作，于是，这一瞬间，时光停驻，我为它彻底痴迷了。

评弹

■ 山塘街上的古老石桥

走 山塘

找一个春和日丽的清晨，从虎丘一路南下，潇潇洒洒，悠悠荡荡，没有一定要去的景点，没有任何时间的约束，没有常规的路线设计，山塘街走的就是那一份随遇而安的淡泊惬意。

■ 水乡民居门前小景

“君到姑苏见，人家尽枕河。古宫闲地少，水港小桥多。”在苏州众多的河路水巷之中，如果说平江路是新派小资风情的演绎地，那么山塘街却更多地体现着本色而市井的姑苏水乡原貌。

一千多年的历史，3600米长的水路，18座石桥拱立，两岸民居商铺密集，前门沿街，后门临河，河中船只穿梭来往，沿河的石阶上有人洗衣洗菜，凉亭畔有人歇脚酣睡。有市井买卖喧闹，有小巷古迹幽幽。这是古老遗存的山塘街，这也是鲜活流动的山塘街。

山塘街，一定要用你的双脚丈量。找一个春和日丽的清晨，从虎丘一路南下，潇潇洒洒，悠悠荡荡，没有一定要去的景点，没有任何时间的约束，没有常规的路线设计，山塘街走的就是那一份随遇而安的淡泊惬意。

五人墓算得上少有的一处收费景点了，门票很便宜。去凭吊一下苏州人民反抗暴力政权的英雄，谁说苏州人只有吴侬软语的纤弱之态呢？你还可以再花上几元钱在后花园内喝上一杯茶，不是错落有致的园林，只有几把放在走廊内的藤椅，如果看风景的眼睛已经审美疲劳了，不妨就此休憩心灵。

野芳浜、观音阁、普济桥，山塘两岸的古迹何其多，门楣砖雕无声中透露出岁月的矜贵，残存的柱础界石诉说着古老遗存的往事。它们曾经有过怎样的辉煌无人知晓，无人去关注它们的出身高低与否，尊卑如何，它们静静地走过时光的流逝，默默地变换生活的角色。于是会馆门墙爬满爬山虎，石牌坊前搭上晾衣杆，路过的人有意外的惊喜，探访的人有满足的收获，生活在这里的人依旧在平平常常地过日子。而我们在无意中可能已经走过几个朝代的变迁。

进入一片闹市区，阿坤卤菜店门口排着长龙，据说这是本地人异常青睐的熟食店，没有显赫的招牌装修，没有四处传扬的广告口碑，本土美食攻略的探访靠的就是一点巧遇一点意料之外的惊喜吧。随便找一家小店吃早点，馄饨和生煎是永恒的主题，仍然是叫不出名字的小店，味道却并不输于观前街上的老字号。热热闹闹的市场，熙熙攘攘的人流，卖西瓜的开着三轮摩托沿街叫卖，耳边充斥着听不懂的姑苏话，可是我走在这里的时候，心情总是会感到格外的轻松，摆脱了熟悉空间的约束，充斥着对异地生活的新鲜探奇感，生活的节奏由此敲开新的篇章。

走过了闹市，山塘重又归于清静。地基扎在水里的房屋一路默默地倒映，搅碎它们的是对岸洗衣的声音。自家门口支出几把藤椅，坐着闲聊着，风细柳斜斜，吹过河水气息中泛起莲子的清香。虽然没有平江路修葺得那般齐整漂亮的房屋格局，没有那些充满浪漫情调的茶馆书屋，少了一些优雅的装饰，吹过的风却更加清新自然，入目的生活画面更加丰满鲜活。

你可以在山塘街流连一整天的时间，可以走入某一条小巷深处，还可以和顽皮可爱的孩童戏耍，可以静静地坐在藤萝架下发呆。耳边飘过评弹的琵琶声，空气中飘散过来的可能是谁家烹炒鱼鲜的饭香，人间烟火的滋味留给你无限的空间，去细细琢磨老苏州的生活底色吧。

远眺虎丘

跟随
美食家的脚步

即使就是吃一碗面，也是仿古八仙桌官帽椅，也是雕花窗棱穗子宫灯，服务员穿的是丝绸旗袍，吃面的碗也是青瓷印花。苏式面品的是一份悠闲时光的闲情雅致。

了解苏州的人大多知道陆文夫，这位在苏州生长学习工作过的作家，善于描绘闾巷中的凡人小事，一部巅峰之作《美食家》更是将苏州风物美食挥洒得淋漓尽致。清晨黄包车的铃铛声响起来了，去赶朱鸿兴的头汤面啊，还有陆稿荐的酱肉，五芳斋的小排骨，采芝斋的虾子鳖鱼，玄妙观的臭豆腐干，让我们跟随一位美食家的脚步走进迷人的姑苏古城吧。

清早，山塘街口，大阿二生煎铺开门了，小小的空间只摆得下几张桌椅，苏州人的早点生涯从这里开始。木制小牌子上写着：泡泡馄饨、蟹壳黄、豆腐花、生煎馒头。这里的馒头就是北方的包子，里面包着肉馅，新鲜出锅的生煎一面煎得金黄，外皮沾着几粒白芝麻和绿葱花，咬一口，鲜美多汁，最不可想像的是这肉馅竟然也是甜的，苏州美食的口味就犹如那口吴侬软语般，用一份甜糯的缠绵征服着食客们的唇齿味蕾。本地人自己端着饭盒装上一份小馄饨，慢慢地一勺一勺品着，这泡泡馄饨的样子形如吹起的泡泡，圆浑可爱，不过却多是薄皮小馅，馄饨皮唱了主角，里面的肉馅反而只是点缀。这边馄饨配生煎，那边豆腐花就蟹壳黄，一顿早点不慌不忙有滋有味，给一天的好心情拉开序幕。

生煎铺的对面有家东吴面馆，老苏州们也习惯早上起来就先吃上一

小吃：豆腐花

小吃：梅花糕

苏菜：响油鳝糊

小吃：泡泡馄饨

碗面，《美食家》中的朱自治一大早赶的就是这头汤面。苏州的面创出了自己独有的名堂，那片细细码放在碗中纹丝不乱的鲤鱼背，便是苏式面的经典招牌画。同样是细细的面条，兰州拉面香菜辣子吃出的是西北的粗狂豪迈，苏式面的汤头传达的却是一份雍容婉约的气质。刀削面、担担面很容易成为各地街头饭馆的快餐小吃，可是出了苏州城，却很难再寻觅苏式面的影踪，为什么呢？我们上“同德兴”看一看吧，即使就是吃一碗面，也是仿古八仙桌官帽椅，也是雕花窗棱穗子宫灯，服务员穿的是丝绸旗袍，吃面的碗也是青瓷印花。苏式面品的是一份悠闲时光的闲情雅致，而不是狼吞虎咽填饱肚子为主的简陋快餐。爆鱼面、枫镇大肉面、卤鸭面、辣酱面，浇头丰富，面有红汤白汤之分，这在以前，苏式面的讲究更加繁冗，硬面、烂面、紧汤、宽汤、重青、免青、免红，各种渊源足够写上一本厚重的教科书。于是，当你今天坐在同德兴敞亮的店堂内，细品面条的爽滑细腻，回味汤头的醇厚浓香，时光悠悠流淌中空间交错，仿佛还能听到旧时伙计的一声吆喝：“来哉，清炒虾仁一碗，要宽汤、重青、重浇要过桥，硬点！”

拙政园以南，潘儒巷内，闹中取静，庭院深深，曲廊迂回，花木葱茏，入耳的声响却是锅碗瓢盆交响曲，空中飘散的是人间烟火香。“吴门人家”，一家苏帮菜馆，坐落在私家园林之内，环境营造了这场美食饕餮的舞台气氛，八宝鸭、吴门虾仁、蜜汁火方、响油鳝糊、咸菜冬笋、白什盘轮番上场，最后再来一碗甜甜糯糯的糖粥收尾，老苏州的滋味尽在不言中了。

还有，还有那松鹤楼的松鼠桂鱼，得月楼的樱桃肉，采芝斋的各色糖果，稻香村的糕点，这座城市的美食登峰造极，苏菜的口味犹如吴侬软语的吴音一般，用一份清鲜甜软的缠绵征服了老饕们的唇齿味蕾。

小吃：生煎

住

青年旅舍，挥洒诗意一片

“浮生若梦，为欢几何”，闹中取静的小巷，平常的苏州民宅，藤萝架、翠竹、红灯笼、碎石板小路，充满温馨而淡泊的氛围。

平江路河畔，在这片最有苏州水乡韵味的老街区，古老的明清古建筑改造出了新派作风的青年旅舍。走进明堂，就如同走进了一所精致的江南宅院，粉墙花窗，角落里摆放着碧绿舒展的芭蕉叶，古朴斑驳的木条桌配藤椅，桌上点缀着晶莹的青花瓷盘。小小的庭院云淡风清，在这里闲坐品茶聊天实在是一份难得的心灵休憩。砖雕、木刻、八仙桌、太师椅、丝缎靠垫，条案和瓷器，古典的韵味渗入厅堂的边边角角。在这里住宿的旅行者，早已忽略了星级宾馆的标准配置，这样的房间和庭院带来的更多是一份由衷的赞赏和一种惊艳的欢喜。明堂附近还有一间小雅，藏在更幽深的小巷内，据说乃是清雍正年间文勤公陈世倌在苏州的行馆，也是一所小小的私家园林，推开窗便有风景可看，清雅的环境和安宁的氛围令人心怀眷恋，甚至愿意就蜗居在小小的旅舍尽情享受悠然时光。

“浮生若梦，为欢几何”，闹中取静的小巷，平常的苏州民宅，藤萝架、翠竹、红灯笼、碎石板小路，充满温馨而淡泊的氛围。浮生四季青年旅舍带来的是家一般的随意自然，唤作“唐伯虎”的狗狗最爱追逐着漂亮女孩儿嬉戏，明净的院落中随时筛落阳光和笑语。泡在旅舍中阅读那些关于老苏州历史文化的书籍，或者和南来北往的旅人交流旅行的经历，心情格外舒畅惬意。想外出了，便在旅舍租一辆自行车，去附近的大石头面馆吃一碗汤面，骑行穿梭于纵横交错的小巷之中，河道长巷垂柳粉墙，这才是真正的苏州生活。

桃花坞是个充满神奇的地方，这里流连着一代风流才子唐伯虎的足迹，旧日破败的祠堂内依旧残留着精美的木雕，荷花池畔仅有一块孤零零的石碑镌刻着故人的生平。寻觅不到才子的踪影，也许你可以落脚于一家也叫做桃花坞的青年旅舍。清新爽朗的色彩陈设，充满现代感的简洁大方，质朴而不雕琢。在小酒馆里听着音乐发发呆，攀岩墙上显显身手，投影仪播放着经典影片，壁炉旁的大沙发内昏昏欲睡，狭小的公共区间却带给年轻人丰富的休闲选择。苏州的手绘地图上列出了到苏州必做的几件事，“爬上北寺塔，鸟瞰炊烟袅绕的古城；去贝聿铭老爷子的苏州新博物馆看看园林的极致；到丝绸博物馆触摸一段历史，带一段丝绸回家”，假如你住在桃花坞，这几件事实现起来便轻而易举了。何况，你还可以继续探寻桃花坞的神秘，这里著名的木版年画、昆剧院、某家扇子厂、某个荒废的古宅，随时准备给你带来意外的惊喜。

如果你爱着山塘街，如果你更爱着山塘夜色，那么山塘街口的明涵堂青年旅舍绝对就是最佳选择。也是一派古香古色的陈设装潢，罗汉床和青花瓷洗手盆演绎着时代的流转，已经 400 年的老宅重新焕发青春的光彩。住在这里，随时便能出门逛街、吃小吃、搜罗小玩意，到了晚上，经常看到换了一身苏缎旗袍或者蓝印花布裙子的女孩儿携着一天的收获归来，大家挤在一起看一场大屏幕电影，陌生的人相熟起来，度过温情愉悦的夜晚。而次日早上再相见，又是旅舍的免费早餐，面包煎蛋火腿橙汁，简单好味，轻柔的阳光斜斜地射进，带来新一天的明媚希望。

这就是苏州的青年旅舍，名字都是这般充满诗情画意，除了相对低廉的价格，它们的阳光、院落、装饰和微笑，都带给旅行一份闲暇时光的悠然回想，将镌刻上属于苏州的永恒记忆。

桃花坞的歇脚处

隐居
的小园林

■ 沧浪亭

它们低调而安宁，藏在僻静的角落或者巷陌深处，去寻访它们的过程也是一种充满闲情逸致的享受。

仍然觉得拙政园是苏州园林集大成者的精粹典范，只是旅游开发的模式使这座经典名园如此憋屈无奈。新建的大门早已打破了传统的园林格局，门前的广场更加沦为三轮车夫拉客游说的地方。乌泱乌泱的人群涌进去了，导游喇叭的解说声此起彼伏。只是，在这样的场景下，有几个游客能静下心来品味真正的园林妙趣。走马观花的移步易景，大多数人也只当看自然风光般匆匆掠过，并无心了解其中的人文内涵。

其实，除了那几座著名的旅游热点园林，在苏州的巷陌之间还分散着众多各具风情的小园林，各有各的风采照人。它们低调而安宁，藏在僻静的角落或者巷陌深处，去寻访它们的过程也是一种充满闲情逸致的享受。

艺圃，地图上的标志很清晰，寻找它却似乎颇费了一番周折，从喧闹的大街一转身便走入了狭窄的深弄，园林的大门就在不经意间踏入，凌霄花从高墙垂落，一片优雅的水景落入眼帘。水岸开阔，北有水榭可凭栏赏景，东南有乳鱼亭与缓曲石桥，古朴自然。池水、石径、绝壁相结合的布局手法，更多地体现着明代风格的疏朗朴素。几乎没有游人，只有一些美术学院的学生在这里写生，青春的面庞透露着蓬勃的朝气，

■ 五峰园

偶尔传来低语笑声。也许只有在这样的园子里，才能静下心来品一杯香茗，观一番风景。

环秀山庄真是一座微缩的小园，甚至连售票处的阿姨都很小心地提醒游客，这里是很小的哦。可是就是这样一个小园，却以大斧劈法的假山名闻遐迩。一座地地道道的山景园，池水和房屋都成为假山的陪衬，不是狮子林那般曲折盘旋的妙趣横生，环秀山庄的假山出自叠山名家戈裕良之手，他的手法是把假山叠出了逼近自然真山的气势。峭壁、洞壑、峡谷、栈道、悬崖，应有尽有，在如此捉襟见肘的有限空间里，愣是打造出了一片雄奇伟岸的山岳雄姿，无怪乎称得上独步江南。而此刻独自行走在这片假山环境中，自然比狮子林的喧嚣躁动多了几许清明的凝思。

听枫园亦是一所低调小巧的私家园林，如今是苏州国画院的所在，半掩的屏风内窥得到园内绿荫扶疏。空无一人的庭院，回荡着悠悠古琴声，一边是陈列画作的展览，一边是古典氛围的茶室。紧凑玲珑的格局，似乎没有一块空敞开放的空地，却是假山亭台水榭一一布置齐整，明明知道这个园子的空间很小，可是曲折幽深的走访之间却轻易地迷失了方向。不知道是造园手法的精致奇巧改换了空间感，还是这份浓浓的书香文雅气质陶醉了心境。

与听枫园比邻不远即是曲园，园主人俞樾以及他的曾孙俞平伯的名气可能远远大过这座私人园林。也因此，那本来因着“曲则全”的含义而建造的曲园如今更多的被称为俞樾故居。坐在后花园内喝一杯茶，想 30 岁的俞樾以“花落春仍在”之句拔得翰林考试头筹，何等意气风发。时光荏苒，白驹过隙，如今春在堂却已凋零若此。

去桃花坞的路上，在小巷内拐入五峰园。五峰之称本是源自江西庐山著名的五老峰，而园内的假山亦是簇拥起五座风姿绰约的石峰，成为整座园林视野的焦点，更是传说这叠石乃是宋代“花石纲”的遗物。回廊船舫精巧别致，水边的紫薇花开得正艳，三三两两的人走进来了，舞扇子的，打太极的，这里俨然已经成为附近居民的晨练场所。

在苏州有名的园林中，沧浪亭似乎是容易被忽视的一个，始建于北宋时期的园林，乃是苏州园林历史中的元老。因为少有游人，完全可以静下心来细细品味园林艺术之大雅。沧浪亭的风格

是如此古朴自然，毫无做作之态，园外烟水弥漫，园内翠竹掩映，复廊花窗，尽得借景之妙。更有那座飞檐凌空的沧浪亭，古雅天然，似乎时光在它身上从不曾留下斗转星移的痕迹。

还有，西园、鹤园、可园、畅园等等，花两三天时间，仔细拜访一下这些散落在姑苏老城内的园林明珠，难道不比匆匆忙忙吵吵闹闹的拙政园留园一日游要强许多？我想，也只有在这份宽松随意自由的心态下，方能领略属于苏州园林的精妙内涵吧。

苏州博物馆

行走于
山水画间的博物馆

虽然没有藏着太珍贵的国宝档案，却如雅致清幽的一片兰花瓣，翻阅而过的时候留下淡淡飘香。

拙政园附近，忠王府隔壁，新崛起的大型新派博物馆建筑，一扫传统场馆建筑的沉重端庄严肃的风格。大片白色的粉墙，几何棱角和玻璃屋顶营造出了一卷清新脱俗的山水园林风情画，这就是新的苏州博物馆，出自建筑大师贝聿铭手笔的苏博。

去苏博的人，可能更在意的是这座博物馆建筑本身的设计元素，流连于创意山水园的奇巧构思，而关于苏博的藏品，博物馆最基本的展示陈列功能，反而被抛到脑后了。

谁能不醉心于这样的庭院空间呢？行走馆中，透过巨大的玻璃窗，随时能够领略室外的风景。铺满鹅卵石的池塘、片石假山、直曲小桥、竹林、八角凉亭，借助着古典园林的设计元素，然而又不是我们熟悉的苏州园林风物，透着创新，透着时尚，只有始终不变的仍然是属于苏州的典雅清婉。

走在苏博里的时光是享受的，一边是穿越时光再现风采的历史文物，吴门四大家的书画，虎丘塔的唐宋经卷，五代越窑青瓷莲花碗，吴地文化的魅力溢彩生辉，而另一边，你丝毫不用担心徘徊历史空间的枯燥和憋闷，天花板上落下透过玻璃屋顶散射的自然阳光，栅格的影子筛落地面，行走间诗意荡漾。一转身，某个幽暗的角落中竟然打开一扇画窗，原来移步易景的园林风尚在这座博物馆内也能心领神会。

赏过了双塔瑰宝，品过了吴中风雅，随时可以推开馆门，步入中庭，有哪座博物馆会在馆内营造如此的园林山水呢？休整一下疲倦的双眼，重新接触自然空气的清新，走过曲折的水岸栈道，池塘的水肆意漫过石阶，一群耀眼的锦鲤游动而来，毫不认生地与游人亲密接触。微风轻拂，竹影婆娑，此情此景，此番惬意悠闲的心境绝不亚于沈周一幅山水画的气韵。

我不知不觉间在苏博内已度过了大半天光阴，礼品部的各色纪念品五花八门让人爱不释手，选一枚印着兰花图的檀香木书签，就如这苏博的气质，虽然没有藏着太珍贵的国宝档案，却如雅致清幽的一片兰花瓣，翻阅而过的时候留下淡淡飘香。

时尚创新的设计

■ 苏州夜景

回首

相看灯火阑珊处

那柔滑的手感和飘逸的裙摆，是否就如这丝丝微凉的夜色般，想要抓住时，不经意间又流泻而去。

苏州的夜晚不应被轻易放弃。你绝不该习惯性地将夜晚随便浪费在宾馆无聊的电视节目前，走出房门吧，苏州有一个流光溢彩的夜景世界。

山塘街通贵桥以南，俨然已经打扮成为一片大型的仿古街区，古老的建筑、街道、河路以一种复古的姿态改头换面展现在游人面前。而傍晚的天色刚刚暗下来的时候，一盏又一盏的宫灯亮起来了，这里的演出原来才刚刚开幕。路边梅花糕的生意依旧红火，古街上没有一家店铺歇业，反而迎来商业兴荣的高潮，悠扬的曲乐声响起，大戏台上开始了管弦演奏，灯影摇曳下人声鼎沸。山塘街与白日相比完全换了一番面目，你又如何能辜负这般的夜景风情?

街外开阔的山塘河边一片灯火辉煌，房屋阁楼牌坊石桥在七彩灯光映照下绚烂如天边的烟火。茶楼里传来一曲曲评弹的雅音，恍惚间仿佛身入仙境飘飘。再走入街内的小巷，狭窄的河道中倒映着片片落红，偶有夜游的客船划过，惊碎波光粼粼。临水窗边的宫灯没有那些霓虹闪烁的多姿灿烂，却又额外增添了一份神秘的浪漫。有新娘穿着礼服在石桥畔巧笑盼兮，新郎新娘相看俨然。零零星星的灯火影影绰绰，有门外乘凉的人低声碎语，山塘的夜，温柔如水。

有论坛评选苏州十大夜景地，金鸡湖李公堤呼声高居榜首。摄影爱好者喜欢金鸡湖的落日，这里是中国最大的城市湖泊公园，一边湖光潋滟，一边芳草萋萋，湖边的林荫道更提供了休闲散步的最佳景致。每当入夜，华灯初上，苏州新天堂的大门就会打开。金鸡湖西南有李公堤，连接着水巷邻里和望湖角，1400 米的长堤坐落着 6 桥 1 亭，入夜霓虹绚烂，将这片水域的波光映射得恍如仙境。而这条长堤又不仅仅只是观景的长廊，精明的商家们早已做足了凭窗临水倚栏小酌的功夫，一家挨一家的豪华饭店、主题餐厅、音乐酒吧、咖啡吧、SPA 生活馆、休闲酒店鳞次栉比，这个夜晚总有你可以消遣的地方。

你可以迈入吴地人家的古典画舫，一边品味苏帮菜肴，一边欣赏江南丝竹，窗外更有胡光水色，尽享幽兰雅韵。用过了晚餐，你还可以找一家宁静的咖啡馆，就着夜色，在淳厚的咖啡飘香中静静梳理自己的心境，又或者有好友同行，在喧闹动感的乱世佳人酒吧里对酒当歌，时光亦在摇滚乐的节奏中敲击而过，今夜不知酒醒何处。

在这样苏州的夜晚，你还可以夜游网师园，灯火映照下的山水园林呈现另一派不同于白日疏朗的明媚，更有昆曲、评弹、古筝、古琴助兴，丝竹雅乐中梦一场繁华往事。你也可以走上灯火辉煌的观前街，这条苏州最有名的步行街到了晚上也不寂寞，商厦的招牌熠熠生辉，老字号的糖果店依旧生意兴隆。在某家丝绸店内挑一件真丝连衣裙，那柔滑的手感和飘逸的裙摆，是否就如这丝丝微凉的夜色般，想要抓住时，不经意间又流泻而去。

苏州的夜色，有梦开始的地方。

唐寅祠堂木雕

北寺塔

探秘

桃花坞

“你看到的是历史，而不是一条街巷”，苏州的民俗学家这样评论桃花坞。

桃花坞的名字总是带着一点浪漫的神秘气息，这里走出了风流才子唐伯虎，这里是苏州木版年画的出品地。今天的桃花坞大街一带似乎仍然藏龙卧虎，也许不是游客必到的风景点，却是一条文化内涵丰富的悠闲探秘路线。

桃花坞廖家巷，这里是唐解元的祠堂，波浪形坡的山墙高高耸立，却无力再显往日的辉煌。偌大的庭院荒废着，大殿紧锁，只有那前廊梁枋的木构雕饰犹在，虽然已覆上尘埃，仍能看出精妙绝伦的浙派工艺精华。祠堂挂上了某美术工作室的招牌，几位颇有艺术家气质的中年人在堂前闲坐聊天，他们说，去荷花池看看吧，不过如今在那里的也都是唐伯虎的徒子徒孙了。

荷花池就是唐伯虎的故居，却早已凋零得没有一间建筑的踪影，只有一块孤零零的石碑矗立在荷花池畔，见证着有一位风流不羁、放任旷达的才子曾隐居于此，擎酒杯醉卧花丛，逍遥度日。荷花池中清波荡漾，莲与荷盛放娇羞，坐在池边的小亭中，凝思过往，重温一段历史画卷。

走过桃花坞民居街市，常会看到某某扇子厂的指示标记。苏州的扇子制作古今闻名，尤其檀香扇首屈一指，而早期苏州的制扇作坊也多集

唐寅祠堂壮观的波浪形山墙

中在桃花坞一带，所以如今这里仍然分布着不少扇子厂以及经销门市部。走进一家扇子店，各色扇子琳琅满目，一时间有些眼花缭乱，如果和店员聊聊天，你会了解到，那些扇骨、拉花、烫花的工艺，那些绢宫扇、竹折扇、檀香扇、纸团扇的讲究，原来一把扇子的学问可不简单呢。

把玩过扇子，我向年画博物馆进发。苏州桃花坞木刻年画名列全国五大木版年画之列，更是南方木版年画的核心代表。桃花坞的年画色彩明艳，画工精巧，透露着浓厚的水乡风格。只是来源于民间的年画已经在城市的包围中逐渐消失了踪影，文化无奈地成为遗产，我们很难在普通的市集上买到一张桃花坞年画，而它们也只能成为博物馆中孤独的陈列品。年画博物馆设在一座朴园内，本身已是一座风景优美的私家园林，在这里你能了解年画的制作工艺和生活场景以及清代的一些年画文物，不过去之前最好先打个电话联系一下，博物馆还没有正式对外开放，直接去可能会吃闭门羹哦。

距离博物馆几步远就是大名鼎鼎的苏州昆剧院了，院内一片清静安详，你可以去参观浏览一番，也许运气好能遇到某位名角或者某场排练演出也说不定呢。

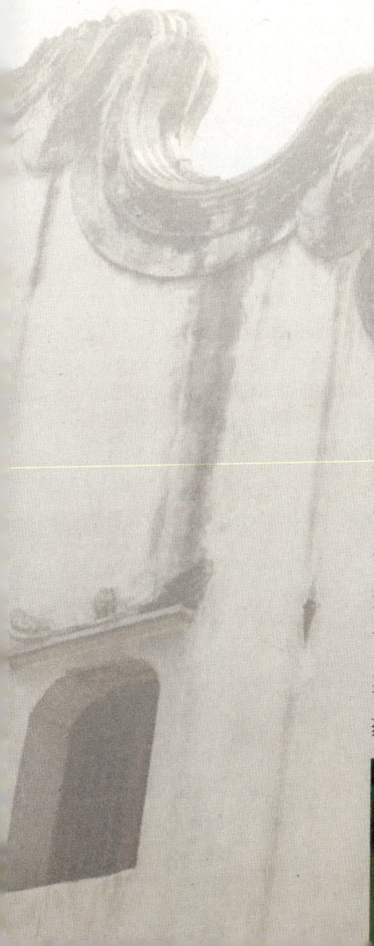

沿桃花坞大街再向东就看到高高矗立的北寺塔了，九级八面砖木结构的宝塔具有浓郁的江南婉约风格，气派磅礴中又透露着细腻雕琢。苏州的手绘地图上把“爬上北寺塔，鸟瞰炊烟袅绕的古城”作为来苏州的必做之事，其实即使不去攀塔，随时路过与一座巍峨娟秀的古塔两两相望也是一份浪漫遐思的情怀吧。

古塔一侧便是丝绸博物馆，苏州曾是全国的丝绸中心，中国丝绸文化的精粹展示在这里可以找到圆满的解释。你还可以选购一些丝绸纪念品作为今日探秘之行的最后收获。

“你看到的是历史，而不是一条街巷”，苏州的民俗学家这样评论桃花坞。的确，这里散落着大规模的古迹遗址故居，又是苏州传统工艺美术的聚集地，虽然目前还没有开发出成熟的旅游路线，然而这也正是这一地区还保留着最原始天然旅行趣味的所在。花一天时间，打破常规的路线安排，随意游走在桃花坞的大街小巷，你可能会无意中走入某处名人故居，某间古琴传习所，某个宫灯作坊，某家私人画院，扑面而来的都是古城深厚的文化气韵，这是桃花坞蕴藏的精彩魅力，亦是姑苏古城的精彩定格。

一池莲花依旧

伍

开封

悠悠汴京梦

开封城门

当时光倒退一千年，开封，这座黄河边上的古城，是世界上“人口最多、最繁华、最富庶和最美丽”的城市。七朝古都，在千年前的北宋时期达到鼎盛，历九帝168年，风光旖旎，物华天宝，“八荒争凑，万国咸通”，这是曾经举世瞩目的中国，这是曾经站在文化顶峰的开封城。

千年时光荏苒，历史风云的变幻无常淹没了皇宫王府，摧毁了艮岳园林，最终留下的记忆却是一幅脆弱的古画。《清明上河图》就是这座汴梁古城最后活着的证明。长达5米多的画卷详细描绘着汴梁城以及汴河两岸的风物景致，从城郊到闹市，有村舍，有市集，有亭台楼阁，有乡间小路，有踏青的游人，有化缘的僧侣，三教九流，各种生活形态鲜活生动，北宋遗韵跃然纸上。凝望它的时候，恍惚中你是不是会有一丝穿越时光的错觉？

繁华如一场梦，开封城犹在，你还能找回一千年前的模样吗？

时光凝驻

你来了，

为了这场北宋余韵

走在曾经汴梁的土地上，然后在某个和煦阳光的午后，随手翻开一本《东京梦华录》。

宋都御街

一千年风云变幻，历史的浮云过隙之中，随着水灾、火灾、地震、战乱，那始建于唐代的州桥湮没于开封市中山路地下，宋大内皇宫、明周王府长眠于龙亭两湖的碧波之下，开封城内数不清有多少著名的建筑默默消失了踪影，余下的，也无非是孤单的铁塔、繁塔凭着一份执著，兀自守望着开封城。

可是，即便是残破了落魄了，没有了昔日的富丽和辉煌，开封也依然是一座古朴端庄迷人的城市。“汴水流，泗水流，流到瓜州古渡头，吴山点点愁”。如今汴水早已不再，开封的湖面却是越来越多了。有水的城市总是能承载起灵动的遐思，围绕着杨家湖和潘家湖建起了一系列仿古建筑群，寄托着开封人心里对逝去繁华的渴望。

龙亭、清明上河园、天波杨府、中国翰园、大相国寺、山陕甘会馆、延庆观、包公祠、开封府，这座古城的历史掌故太过丰富，历史人物太过传奇，随便拈出一个来就能营造一方天地。而所有辉煌的焦点也不约而同地指向同一个时代：宋朝，这是中国历史上一个文化兴盛的时代，“华夏民族之文化，历数千载之演进，造极于赵宋之世。”这是一个优雅高洁的时代，有花间词之婉约明媚，有山水画之凝重恬静，文风浓厚，名家辈出，在史书上留下不可超越的灿烂篇章。这也是一个悲情多难的时代，写瘦金体画花鸟画的皇帝终于无法保住江山的延续，“暖风熏得游人醉，直把杭州作汴州”，苟且偷安的小朝廷在纸醉金迷中走向了灭亡。可惜了大好河山践踏于异族的铁蹄之下，可惜了浅斟低吟破碎于蛮夷的胡音之中。可惜了，一座曾被营造得繁荣鼎盛美轮美奂的汴梁城，倾倒在政治权力争锋的历史洪流中，随着奢靡腐败的统治者们一起，灰飞烟灭。

可是，这仍然是有着两千多年历史的古城，这仍然是曾经七朝古都的开封，城市的气质凝练于岁月的沉淀。走在开封的大街小巷，漫步包公湖边，随时随地你可以找到历史遗留的点点滴滴，那种源于千年前的精神聚集力仿佛化身为一种神秘的力量依旧笼罩在这座城市的上空，恒久不散。

而最重要的是，你终于来过了，走在曾经汴梁的土地上，然后在某个和煦阳光的午后，随手翻开一本《东京梦华录》：“东都外城，方圆四十馀里。城壕曰护龙河，阔十馀丈，濠之内外，皆植杨柳，粉墙朱户，禁人往来”。就在这样的描述里，遥望铁塔，淡淡菊香弥漫，是不是有一个梦似曾相识，穿越千年的时空，来与你相逢。

大相国寺

杨家湖边的冬泳人

爱上
半城清波的北方水城

可以留住脚步、留住时光的，不是天波杨府或者翰园碑林，只是这一方水泊，这是这一方水样柔情的开封韵。

有水的城市总是充满灵动风韵，可是在干燥寒冷的北方，你很难找到如南国那些四季碧波荡漾、终年水色潋滟的水城风光。所以，桂林永远是人们心中的山水甲天下，杭州永远是充满浪漫。

可是，谁能想到，就在中原之地，在一座七朝古都的历史名城中，你竟会意外地邂逅了一城宋韵半城水，半园烟柳半清波。

开封就是这座北方的水城。

走过龙亭，杨家湖波光潋滟，湖岸垂柳依依，倚栏相望，你刚刚还在惊叹这湾湖水的弥足珍贵，却不料这湖泊竟连绵不断而去，杨湖和潘湖两大片烟波浩渺的水泊成为一长串仿古建筑景点的最佳依托。仿造的建筑渐渐失去了光华，真实的湖水反而喧宾夺了主，静静地沿湖走上一圈，随意歇歇停停，春日里有柳垂金丝桃吐丹霞，驻足处，如诗如画。可以留住脚步、留住时光的，不是天波杨府或者翰园碑林，只是这一方水泊，这是这一方水样柔情的开封韵。

可是，这还远远不是全部，还有包公湖、铁塔湖、阳光湖，有惠济河、北支河、护城河，即使在今天水资源日渐枯竭的危机之下，开封的水域面积仍然占到全城的四分之一。

要说开封的水从哪里来，自然是城北黄河的福荫。历史上的开封就是一座闻名的水城，汴河运来了江南的稻米和太湖石，五丈河运来了梁山泊的鱼虾莲藕，蔡河运来了豫南的小麦，金水河向皇家的园林池沼注入源源不断的活水。金明池上百舸争流，欢声雷动。明月夜，烟柳画桥，半壕春水一城花，柳永晏殊们曾在这里流连，舞榭歌台上留下闲情婉丽的篇章。料峭春风今又是，任谁再面对这半城清波荡漾，找一处临水的酒楼茶肆，凭栏处，也愿把浮名，换了浅斟低唱。

然而，这样的水也曾给开封带来灭顶之灾，两度水淹古城，如今龙亭的地下埋着的就是曾经的皇城。可是开封人没有放弃，在泥沙挟裹之下，他们又回来了，在水中灭亡的，又在水中重建。

所以，有人说，开封的韵味就凝练在这环城之水中，汴绣、宋瓷、菊花、清明上河图虽是这座古城蜚声四海的文化标签，却还扛不起历史大旗的头阵。如果你想要走入开封城市的内心，如果你想要找到一个撬开古城文化内蕴的支点，那么，不妨就从水开始吧。

杨家湖

老城区内的天主教堂

探访

老城的秘密花园

只有熟悉并热爱这座城市的人，才能手持开启秘境的钥匙，打开一片深藏未露的新天地。

每座城市都有它们的秘密花园，可能是某个老街区，某几条老街巷，某些老建筑集中的地方，无一例外的，都刻着深深的历史烙印。只有熟悉并热爱这座城市的人，才能手持开启秘境的钥匙，打开一片深藏未露的新天地。

关于开封的旅游，在网上可以寻到这样的说法：

菜鸟玩“清园”、“碑林”、“开封府”、“天波杨府”，尝“鼓楼”、“第一楼”。

熟客去“龙亭”、“铁塔”、“会馆”、“相国寺”，吃“西司”、“黄家包子”。

高手赏“繁塔”、“河大”、“古吹台”、“延庆观”，品“老店”、“又一新”。

旅行的层次虽然不必分出高下，不过认识一座城市的确需要循序渐进。而如果你连高手的境界都已超越了，那么还有一种骨灰级驴友的玩法，他们因为对这座城市太过熟悉了，已经对那些所谓的景点提不起兴趣，在他们的眼中，真正的看点是来自于身边的街巷，晨昏的交替，日常的生活。

于是，骨灰级驴友的选择是：走城墙，逛教堂，穿老街，早寺门，晚乱晃。

开封古城墙，全长超过 14 公里，是全国第二大城垣，历经水患兵灾，却仍保持着元、明时代的建筑风格与规模，目前已修复了大梁门、安远门、新门等几座城门，但无需门票，免费游览。

逛教堂指的就是逛理事厅街天主教堂。明、清、民国时期，开封由于是河南省会，建了不少西方宗教建筑。开封理事厅街天主教堂就是其中之一，它是河南最大的天主教堂。1917 年前后，

清晨时光

老照相馆

清晨，东大寺，来一碗热气腾腾的羊肉汤

清早的街道买卖

当时的主教谭维新三次赴欧美募捐，最终建成了这座宏伟庄严的教堂。

其实教堂所在的双龙巷－穆家桥街区域，本身也是老街区，而且是一个多元文化建筑和遗迹共存的区域。教堂附近有古观音寺，现仍是佛教活动的场所；与古观音寺隔街相望，刘家宅院北部有近800年历史的犹太教寺遗迹，在教堂附近的锅炉房中有口井，是犹太人在开封定居的证明，很多外国的犹太人到了开封一定要去看；而刘家宅院是具有中原特色的受儒家思想影响的四合院建筑；与刘家宅院隔北土街西侧，是优秀的近代建筑——河南农工银行旧址；在南部回族聚居区的中心地带，是开封旧城最大的伊斯兰清真寺——东大寺。在这一南北方向不足600米、东西方向300米左右的街区内，从见证的历史信息来看，时间跨越古代、近代和现代；从不同宗教的影响上来分，涉及儒教、佛教、伊斯兰教、犹太教和天主教；从建筑风格上看，有中国传统建筑风格、近代西方折中主义风格等。这些不同文化的建筑和遗存或隔街相望，或比肩而立，或相距百余米。如果你真的是骨灰级驴友，这个区域值不值得你待上一两天，好好探究一番呢？

另外，开封东郊羊尾铺还有一所天主教河南总修院，是谭维新主教1931年在任时修建的。获得柏林电影节银熊大奖的电影《孔雀》有很多镜头就是在那里拍摄的。如今虽然破落，但仍不失其昔日之魅力。如果时间充足，也可以去瞧瞧。

早寺门，晚乱晃，寺门指的就是回族聚居区的东大寺。每天早晨，吸引人留驻脚步的不是清真寺的巍峨庄严，而是那著名的四味菜羊汤，开封的羊肉汤是中州一绝，而当地人公认的寺门羊肉汤更是其中的绝品。四味菜是羊肉、黄花菜、丸子、面筋四样组合在一起，配上羊汤，再泡上一块馍，唇齿留香，回味无穷啊。

晚上又是夜市的天下。其实除了几大夜市之外，在有些不知名的小巷深处，可能你反而会邂逅意外的惊喜。比如最正宗的花生糕和麻片，真正名贵的开封汴绣精品而不是苏绣湘绣的冒充品，最好吃的烧饼和羊霜肠汤，最香的五香花生仁，这些，可能都藏在秘密花园的某个角落，只要你是个有心人，它们随时等待你的挖掘和发现。

繁塔

穿过
千年时光长廊，与两座古塔流连相望

除了唱戏，他们之间并没有过多的言语，但有种和谐在空气中弥漫，让人有一种喝了陈酿般的迷醉。这也许就是开封的底蕴，源自宋朝，从容而又淡定。

在一座古汴梁城的原貌微缩立体模型图中，最赫然醒目的就是一南一北两座古塔，遥遥相望，互为守侯。

铁塔公园是最适合回味宋朝的地方。

在初秋的某个下午，和煦的阳光照着，信步走到铁塔公园的湖心亭，望一望铁塔，也许它也在望着你，就像当年它曾望过苏东坡、李清照、王安石、欧阳修、范仲淹、岳飞和包拯，还有宋徽宗和李师师。开封的繁华在北宋达到了极致，可惜一切被战火和黄河销毁殆尽，在龙亭上放眼望去，只有这铁塔还是北宋的遗物。

铁塔始建于公元1049年，因塔身全部以褐色琉璃瓦镶嵌，远看酷似铁色，故称之为“铁塔”。塔高55.88米，八角十三层，完全采用了中国传统的木式结构形式，塔砖饰以飞天、麒麟等数十种图案。建成九百多年来，历经战火、水患、地震等灾害，至今巍然屹立。让人到此不由得称赞一声，只可惜那造塔的工匠没有留下姓名。

铁塔公园也是老开封最喜欢来的地方之一。在铁塔湖的岸边，经常会遇到一群唱豫剧的老人，有的拉弦，有的亮嗓，花白的头发在风里随着豫剧的声腔飘动。除了唱戏，他们之间并没有过多的言语，但有种和

铁塔一角

谐在空气中弥漫，让人有一种喝了陈酿般的迷醉。这也许就是开封的底蕴，源自宋朝，从容而又淡定。

“铁塔高，铁塔高，铁塔只搭繁塔腰！”繁塔曾经是开封最高的塔，只是如今它的待遇却远远比铁塔凄凉。身处城市东南隅的民居夹缝中，一般的游客几乎都不知晓它的存在。繁塔建于北宋开宝七年（公元 977 年），是开封现存最早的建筑。在宋代它曾是一座六角九层、80 余米高的巨型佛塔，极为壮观。繁台宽阔，每到春季，百花吐艳，绿树繁茂，是人们踏青赏花饮酒赋诗的好场所，“繁台春色”也是著名的汴京八景之一。

关于繁塔如何被拦腰铲断，有很多个神话传说版本，直至清朝初期，人们才在余下的三层繁塔上部修成一个平台，又在平台上新建了一个七级实心小塔，使繁塔呈三层大塔上面摞小塔的奇特造型，一直延存至今。

如今繁塔的待遇却远远比不上铁塔之尊贵，栖息于城东南偏僻的角落，隐藏在破落民居的夹缝之中，一抬头，在车水马龙的尘烟喧闹里，古塔安然自若，仿佛这碌碌红尘的平庸更加适宜它隐士气质的挥洒。可是我想，生活在繁塔周围的人终究是幸福的，于日常生活的琐碎空隙，随时可以悠然见塔，这份来自厚重时光沉淀下的心灵安抚是何等骄傲的尊宠，大隐隐于市，所谓“采菊东篱下，悠然见南山”的意境，也要输于他几分吧。

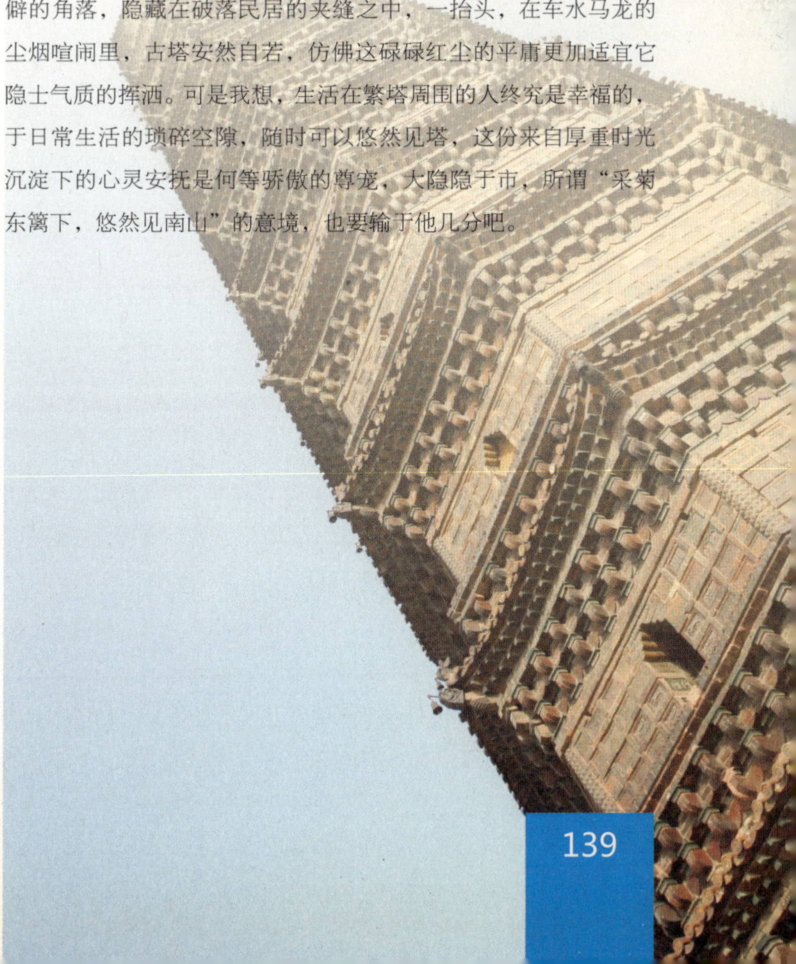
铁塔

■ 菊花盛开

秋后

九月八，赴一场菊花的约会

来赴一场菊花的约会吧，饮一杯菊花酒、品一回菊花宴，徜徉菊海，菊香满怀。

菊之高洁，菊之优雅，菊之谦谦君子，菊之冷峻风骨，“待到秋后九月八，我花开后百花杀”，这般自命不凡之傲骨仙品自是配得起古都风流。

开封是一座爱菊的城市，我一直觉得每座城市的市花都不是随随便便地信手拈来，而是都和城市的气质贴切着交融着，合二为一。即使在闻不到菊花飘香的寒冷冬季，伫立杨湖岸边，冬泳的人们拍打着身体做着准备活动，路过的行人却裹在棉服里呵气成霜。空气中荡漾着一种冷峻的味道，枯枝的垂柳寂寞地摇摆，宛若傲立芳丛之菊之剪影。

开封种菊的历史可追溯到1600多年前，特别是在作为北宋国都期间，民间养菊、赏菊、咏菊达到鼎盛。这里诞生了中国第一部菊谱、世界第一部菊艺专著，而且花市赛菊、插菊花枝、挂菊花灯、开菊花会、饮菊花酒等习俗，一直绵延至明清。

1000多年对菊花的痴爱之情不减，1000年后爱菊之传统源远流长。每年的金秋之际，冲天香阵透古城之时，龙亭的菊花会便拉开序幕了。

来赏菊花会，不妨先说一说龙亭。龙亭公园三面环水，以清朝万寿宫为主体。龙亭湖下面是明代周王府的紫禁城。紫禁城下面叠压着金皇宫，金皇宫下面则覆盖着宋皇宫，宋皇宫之下埋藏着五代时期的大宁宫和建昌宫，最底层是唐朝宣武军的衙署。形成了一幅层层叠叠压在一起的“宫摞宫”的立体画卷，形成了世上独一无二的“湖底宫殿”。

当菊花的季节来临时，古老的建筑成为整片花海的依托，从午门至大殿的御道两旁，造型各异的大立菊、塔菊、盆景菊、悬崖菊、小冬菊等数万盆菊花，将古朴威严的龙亭大殿衬托得生机盎然。“贵妃醉酒”，一袭紫衣，雍容华贵；“嫦娥奔月”，丝丝菊瓣又恰似剪不断、理还乱的缕缕情思；“秀女”则恬静羞涩，淡雅悠然，酷似水轩窗前抚琴吟唱之仕女；“春水秋波”又令人耳畔回荡起松涛涌起、高山流水之绝唱……

又岂止是龙亭，从清明上河园到开封府，从包公祠到禹王台公园，从翰园碑林到天波杨府，几十万盆菊花争香斗妍，在开封各大干线路口、城市广场、居民小区，哪一处都少不了菊花的身影，“十里香风东菊城”，它是这一季风景的主角，它是这座古城扮美气质的点睛之笔。

除了赏菊之风，菊花更已成为开封城的一张文化名片。饮菊花酒，清凉甜美，明目养肝；品菊花茶，气味芬芳，润喉生津；吃菊花糕菊花羹菊花肴，清新爽口，疏风去燥；睡菊花枕，余香满室，清神安眠。更有文人雅客赛菊花诗，绘菊花长卷，在菊之清冷晚香之中回味一场北宋遗韵。

如果，你赶上了这样的秋季，如果，你想邂逅这样一个妩媚风流的开封，那么不妨来赴一场菊花的约会吧，饮一杯菊花酒、品一回菊花宴，徜徉菊海，菊香满怀。

美丽的菊花

■ 年画社门口墙壁上的门神

翻阅

开封旅行的精美书签——年画门神上的朱仙镇

历史的刀光剑影不曾留下痕迹，河运之繁华也不复存在，有的只是，石桥、古树、雕版、墨香，蛾眉淡扫，素面清新，朱仙镇是一道随意而清新的风景。

开封城南 22 公里，一个叫做朱仙镇的小镇，贾鲁河穿镇而过，把全镇分为东、西两部分，河上的大石桥和二板桥又把全镇联成一体。一些古色古香的旧式房屋和新建的楼房比邻而居，没有很开阔的道路，整个集镇呈现着一份玲珑而幽静的氛围。

这里是一座有着悠久历史文化的古老城镇，如果开封的旅行是一本珍藏的古书，朱仙镇就是一页不可或缺的精美书签，书签上印着的正是古老木版年画里雄姿威武的门神图像。

朱仙镇在历史上也曾写下辉煌的一页，自唐宋以来，这里一直是水陆交通要道和商埠之地，明朝时是开封唯一的水陆转运码头，明末时候，朱仙镇与广东的佛山镇、江西的景德镇、湖北的汉口镇并称为全国四大名镇。

这里不仅是曾经的商业重镇，也是有名的古战场。民族英雄岳飞曾在这里大破金兵，金兀术被迫退守开封，发出“撼山易，撼岳家军难”的哀叹。可也就在此时，岳飞正欲挥师开封，恢复中原，却一连接到了 12 道金牌，命他火速回到杭州。那个“只把杭州当汴州”的怯懦皇帝和阴谋家秦桧，正迫不及待地要置他于死地。“出师未捷身先死，长使英雄泪满襟”。莫须有之罪名使得一代名将终于含恨而亡，中原江山最终无法逃避屈辱血泪的践踏。

明成化十四年，朱仙镇修建岳飞庙，这里也是全国三大岳飞庙之一。岳庙的隔壁是曾经的关帝庙，大门两侧的墙壁上绘着朱仙镇年画最典型的标志——门神。这里就是现在的年画博物馆。

起源于唐，兴于宋，鼎盛于明清，历史悠久，源远流长，这是中国四大木版年画之一。

不同于杨柳青之细腻婉约，也不是杨家埠之吉祥憨朴，朱仙镇年画的风格更加深重夸张，色彩艳丽。太多的古老传说打造出年画内容的丰富多彩，对一位英雄的崇敬之意造就了年画人物高大威武的正义气质。

朱仙镇木版年画社的负责人是张继忠，当年是他把老艺人召集起来重开了年画社。如今年画社规模没怎么扩大，他却比两年前胖了许多。年画社的作坊光线昏暗，做年画的老师傅都六十多岁了。做最后一道工序的是刘金录，经他最后一次上色，原先还是粗线条的门神、天仙立刻活脱脱从纸上跳了出来。每印一张，他都要微调一下面前的木雕版，以保证质量。刘金录的父亲刘本成是“天成”年画的继承人。如今他们印的年画上还有“天成老店”的字样。说实话，现在的年画因为雕版的日渐减少，已经没有鼎盛时期的水准了。

许多名人都曾收藏过朱仙镇的木版年画。鲁迅先生给予其很高的评价：“朱仙镇的木版年画很好，雕刻的线条粗健有力，和其他地方的不同，不是细巧雕琢。这些木刻很朴实，不涂脂粉，人物也没有媚态，颜色很浓重，有乡土味，具有北方木版年画的独有特色。”这是对朱仙镇木版年画艺术特色的很好概括。现在上海鲁迅纪念馆还珍藏着当年鲁迅所收藏的 26 幅朱仙镇年画作品。

著名作家冯骥才发起的“抢救民间文化遗产工程”，第一项活动就是抢救朱仙镇年画。2003 年，木版年画“天盛老店”、“天成老店”的第四代、第五代传人——73 岁的尹辅礼和 63 岁的尹国全叔侄俩，把珍藏的 60 多块清末民初的古雕版拿出来亮相，其中有 3 套 6 个品种是解放以来从未见过的年画品种。如果去了朱仙镇，您不妨买上几幅年画，或者去寻访一下前面提到的这几位老人，

年画作坊

就算是向中国传统文化致敬吧。

走出年画社，阳光正好，门口聚集了很多老人在下棋、聊天、晒太阳。朱仙镇的时光依旧是如此轻松悠闲。你还不妨去品尝一下这里的名吃——素有“千里香”之名的朱仙镇豆腐干，当年可是在皇宫宴会上都占有一席之位呢。

再随意的逛一逛这座小镇，历史的刀光剑影不曾留下痕迹，河运之繁华也不复存在，有的只是，石桥、古树、雕版、墨香，蛾眉淡扫，素面清新，朱仙镇是一道随意而清新的风景。

年画社门口的老人们

精美的镂空雕

到

山陕甘会馆看“三绝”

——台上笑台下笑，台上台下笑惹笑；看古人看今人，看古看今人看人。

山陕甘会馆木刻

“山陕甘会馆”在开封的名气远在龙亭和清明上河园之下，甚至还不如包公祠和新修的开封府。然而它却是全国重点文物保护单位。

清乾隆三十年（公元 1765 年），天下首富的晋商联合陕西和甘肃的商人，集资在开封的明中山王徐达后裔府邸的旧址上修建了山陕甘会馆。到山陕甘会馆主要看三绝：石雕、砖雕和木雕。

一进门的砖雕影壁上是“仁义忠勇”四个大字。砖雕的图案有瓶、鼎、书籍、算盘等代表吉祥和财源广进的物件。会馆的主人都是经商的行家里手，算盘一响，黄金万两。也就是在这种地方，才看到这样的写实作品。

大殿是会馆最主要的建筑，殿内供奉的是关公像。不过最精彩的是殿檐下的装饰木雕。木雕是镂空的，并配有金瓜、石榴、莲蓬等多籽植物，祝愿人们多子多福，人丁兴旺。正中的一串葡萄透着紫色，据说象征着兴旺和发达。左侧的配殿上的木雕是八仙过海，旁边的有桥有船，我猜是《清明上河图》，您去了也仔细研究一下？

会馆中石雕比比皆是，最具代表性的石雕是牌楼下部的六块抱鼓石，上面分别雕有龙、凤、猴、蝙蝠以及《狄仁杰登山望母》的故事。狄仁杰是唐朝的大臣，山西太原人，一向清正廉明，断案如神。

庭院虽小，讲究颇多。戏楼的一副对联让我寻味良久：台上笑台下笑，台上台下笑惹笑；看古人看今人，看古看今人看人。晋商曾经在晚清创造了一代奇迹，如今风流都被雨打风吹去，山西人今天到了这里，看到这一切，心中的感慨和河南人是不是一样多呢？如果您是山西人，建议将这里作为您来开封的第一游览之地。

山陕甘会馆

品味

包子的江湖

只有你自己亲身劳作，遍尝开封城内的各家包子店，你才知道这包子江湖的水有多深，到底谁家能排第一，当然还是你自己说了算。

开封的名片——包子

包子并不是什么新鲜的吃食了，全国各地都有包子，说得上名的有天津狗不理包子、上海南翔小笼、苏州蟹粉包子、扬州三丁包、西安贾三灌汤包子、成都韩包子等。而在开封，包子俨然已成为这座古城的一张标志性名片。

开封城做包子的历史久远了，早在北宋时期，就是很受大众欢迎的食品。开封包子的和面工艺要求颇严，要经过搓、甩、拉、拽，几次贴水、几次贴面的“三软三硬”的过程，才能达到要求。包子馅原掺有肉皮冻，但吃多了腻口，后去掉，又以白糖、味精调馅，去掉了甜酱，馅内只放姜末，不放葱，打馅很下功夫，一直把馅打得扯长丝而不断。小笼包子随吃随蒸，就笼上桌，其形：“提起一绺丝，放下一薄团，皮象菊花心，馅似玫瑰瓣。”

开封包子名气最大的还属“第一楼”，原名“第一点心馆”，1956年更名为“第一楼包子馆”。“第一楼”的包子最大的特点是“提起像灯笼，放下似菊花”。吃起来“皮薄馅多、灌汤流油、肥而不腻、软嫩鲜香”。

外来的游客多是直奔“第一楼”，本地人却更加推崇“黄家老店”，开封“第一楼”小笼包子店是由黄继善1922年创建的，1956年公私合营，“第一楼”成了全民所有制企业。第二代继承人黄思忠在“第一楼”长达32年。1994年6月，黄思忠把小吃铺迁入现址，定名“黄家老店”。所以两家店的关系就像兄弟俩，只不过一个曝光率高，有点明星作派，另一个“武功”是师傅真传，实用自然。“黄家老店”有好几家分店，原先的老店在滨河路西段，店面破破烂烂的，现在迁到了宋城路凤凰城1号楼。

灌汤包子都要现做现蒸，包子热腾腾地端上来，先不急着吃，好好欣赏一下。包子安静地在笼屉里待着，皮晶莹剔透，颇似菊花。夹一个起来，包子立即垂下来，样子有点像灯笼。您要咬一口吞下去，打住！一是烫伤了嘴巴怎么得了，二来也暴殄了天物。虽然是吃包子，也要有点斯文的样子。轻轻咬开一个小口，吹一吹里面的热气；然后慢慢吸吮里面的汤汁，让味蕾充分感受它的香和鲜。桌上还有醋，不像一般的饭店，这里的醋可是米醋，可以生吃的，稍稍蘸上一点，这时就可以进口了，细细咀嚼，慢慢品味。如果你顺手剥了碟子里的大蒜下口，对面的老开封会认真地看你一眼，因为你的吃法很地道。说了半天，您的肠胃只怕早已在抗议了，于是立刻下肚，眼、鼻、口、心，通体得到满足。

鼓楼街东段路北有一家“新生饭店”，有人说这里的包子才是排第一，最有名的是素包子，另外羊肉烩馍和油菜小炉馍也值得一尝。

其实，到底哪家的包子最好吃，别人的榜单都不可信，只有你自己亲身劳作，遍尝开封城内的各家包子店，你才知道这包子江湖的水有多深，到底谁家能排第一，当然还是你自己说了算。

夹起来的包子像灯笼

小吃：八宝饭

夜市饕餮，

与开封小吃亲密接触

关于美食的记忆里，所有的热烈刺激和痛快淋漓，永远都不可能存在于金碧辉煌的饭店包间和玉碗金筷的正襟危坐。

爱上开封城，可以从美食开始，而我对开封美食的认知始于夜市。

一碗热气腾腾的黄焖鱼，一个羊肉炕馍，一盘炒凉粉配牛肉盒，一份淋着玫瑰汁的八宝切糕，这便是今天晚餐的第一波。

黄焖鱼的摊位前总是一口冒着热气的大铜锅，油炸后又焖得酥烂的小鲫鱼入口基本不用担心鱼刺，那口鱼汤也是回味无穷。卖羊肉炕馍的摊子却总显得冷清，什么也没有摆出来，只守着一口锅灶默默伫立，只有你说要一个炕馍的时候，老板才开始开工，把薄薄的饼摊放在锅上，有点像摊煎饼的感觉，然后加入馅料，四面一包，馅料自然是羊肉的。起初我有些顾虑，因为记忆中羊肉做馅总还是有点膻气的，所以我基本不吃羊肉馅的饺子或者包子。但是这个炕馍啊，外焦里嫩的薄饼，鲜香入味的肉馅，丝毫没有羊油的荤腻和羊肉的膻味，原来我也是可以吃羊肉馅的。

出售甜品的摊子也很引人注目，也放着北京小吃中沏面茶的雕龙大铜壶，青花瓷碗里也摆放着各色果料，八宝饭和切糕的样品色泽鲜亮动人。吃得有些油腻了就来一杯糖梨水，一份甜甜糯糯的八宝饭浇上玫瑰汁，味道着实惊艳。而在北京也常喝到的杏仁茶，在这里也有不同的演绎，杏仁、花生、芝麻、桂花、葡萄干、枸杞子、樱桃、玫瑰等十数样辅料一加，这碗杏仁茶立刻出落得超凡脱俗起来。

熟食里面最常见的就是沙家五香牛肉和马豫兴桶子鸡，家家都是类似的招牌，也分不清真真假假，随便切上一块，很粗放的刀功，很传统地用纸包起来，当街就开始大嚼，很疑惑为什么能

夜市灯火

把那么大块的牛肉做得如此细腻入味。

羊霜肠汤和麻辣羊蹄登场。印象中的羊霜肠是老北京一样几乎失传了的小吃，但最近似乎有恢复的迹象。却没想到开封处处都见羊霜肠汤。羊肠中灌满羊血熬煮，然后配以其他辅料，乳白色的汤，点几粒香菜，喝一口便再也难忘怀了。麻辣羊蹄也是意外的收获，没想到会有炖得如此软烂可口的羊蹄，是一样会吃得很狼狈但也口齿流香的美味。

开封也真是一个不缺吃的城市，无论走到城区的哪一部分，都随时能看到胡辣汤、烩馍烩面、羊肉汤、灌汤包子的身影，而热闹的商业街上，三五步就是做芝麻糖的、炸春卷的、烤烧饼的，美食的诱惑无所不在。而这些却也都是小摊子小馆子小饭铺而已，并没有什么大饭店的身影，有人说过，就是要在那种看着卫生状况很差的小馆里吃的东西才够味道，虽然有失偏颇，但又不得不承认，关于美食的记忆里，所有的热烈刺激和痛快淋漓，永远都不可能存在于金碧辉煌的饭店包间和玉碗金筷的正襟危坐。

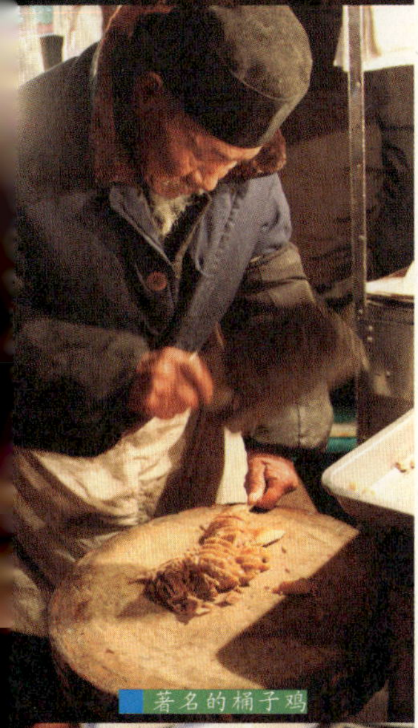
著名的桶子鸡

如果你是第一次来到开封，那么鼓楼夜市仍然还是最佳的选择，虽然在一些老开封人眼里鼓楼小吃的价格偏高，都是外地人才去的地方。可是作为一个陌生的访客，就像第一次来北京吃烤鸭还是要认全聚德一样，在鼓楼肯定能吃到最全也很正宗的各种名小吃，摊位多，种类多，每家点一样基本就把开封最出名的小吃一网打尽了。等你熟悉了摸清门道了，那么再去别的夜市打探也不迟，包公湖畔的西司夜市，宋门外夜市，随时欢迎你的到访。

最后，再给你一个总结性的小吃菜单，记好了，哪一样也别漏掉：

大菜：风干兔肉、桶子鸡、黄焖鱼、五香牛肉、羊肉串、麻辣羊蹄。

小吃：黄焖鱼

主食：马家炒凉粉、曹记炒凉皮、灌汤包子、烩饼、烩面、素砂锅、羊霜肠汤、胡辣汤、羊肉炕馍、煎包、锅贴。

甜品：红薯泥、杏仁茶、米酒、糖梨、八宝饭、八宝切糕。

当然，还少不了汴京啤酒助兴。

小吃特产：花生糕

小吃店云集

又一新饭店

相逢

又一新，百年豫菜第一家

在20世纪三四十年代，凡到过开封的名人，像蒋介石、张治中、梅兰芳等名流，都一定要来又一新饭店吃饭。

来河南了，来开封了，小吃包子都尝过了，还缺一顿正餐，一顿正宗的豫菜大餐。

在中国的烹饪历史上，河南曾占有很重要的战略地位，我国烹调始祖——伊尹就出生在河南，历史上最早的一次宴会“钧台之享”也是在河南举行的。到了北宋时期，对，又是北宋，不仅仅文采风流，美食也不落后，“会寰宇之异味，悉在庖厨”，这时的河南菜俨然已发展成为色、香、味、形、皿五性俱全，且具有浓郁宫庭风味的完整的豫菜体系。

开封城内有名的大饭店并不多，如果你只有一次机会，那么一定要去又一新。

看上去朴朴素素的招牌，却是一家真正的百年老店，始建于清光绪三十二年，在20世纪三四十年代，凡到过开封的名人，像蒋介石、张治中、梅兰芳等名流，都一定要来又一新饭店吃饭。抗战时期，蒋介石在开封召开军事会议逮捕韩复渠时，专门叫人传送又一新的“狮子头”，蒋介石吃得非常满意，席上诙谐地说：“‘此头’美味可饱腹，韩头无用可安民。”

又一新的豫菜曾连获大奖，“糖醋软熘鲤鱼焙面”、“琥珀冬瓜”、“炸紫酥肉”被国家内贸局认定为中国名菜；“蟹酿橙”、“清汤东坡肉”、

“煎扒鲭鱼头尾”、“菜心扒广肚”、“白扒鱼翅”、“清汤燕菜”、“清汤佛手鱼翅”等13道名菜被评为河南名菜；名点“切馅烧卖”、“桂花馒头”、“开花馍”被中国烹饪协会认证为“中华名小吃”。

名誉再多，还要实践认可，清炖狮子头端上来的时候，几乎全淹没在玻璃盘中。看我把汤一勺一勺舀出来，服务员笑嘻嘻地说这汤在火上炖了三个小时，不喝就浪费了。于是赶紧喝汤，确实很鲜。“唱戏的腔，做菜的汤”，这是河南的一句土话，它说明豫菜对于制汤是非常讲究的。制汤的原料，必须“两洗，两下锅，两次撇沫”。遇到需要高级清汤时，还要另加原料，进行套和追，使其达到清则见底，浓则浮白，味道清醇，浓厚挂唇。所以，清汤狮子头的汤可千万别浪费了。

鲤鱼焙面可说是豫菜中之翘楚，造型夸张，色泽枣红，软嫩鲜香，吃起来全是甜味。我常常觉得这道菜更适合用来看，那面细如发丝，简直就是精致的艺术品。

锅贴豆腐也是一道豫菜名品，难得的是把软软的豆腐煎炸出如此酥脆的口感，清清淡淡，沾一点椒盐，原汁原味回味无穷。

广肚，又称鱼肚，其实就是鱼鳔，其中富含胶原蛋白等营养物质，有较高的食疗价值，可养颜护肤。在河南很流行吃广肚，其中又以扒广肚最为盛名，扒菜是豫菜最独到的一种烹调手法，素有“扒菜不勾芡，汤汁自来黏”的美称。这在别处很难吃到哦，不妨尝试一下。

炒红薯泥可能你在夜市品过了，作为一项饭后的甜点，又一新的调味会更加精致细腻。

如果你来这里用晚餐，饭后不妨去饭店的戏曲茶座坐一坐，品茶消食之余听一曲豫剧悠扬，休憩奔走了一天疲惫的心，让时光走得再慢一点，无需去想明日之忧，夜色无边，专注享受这一刻。

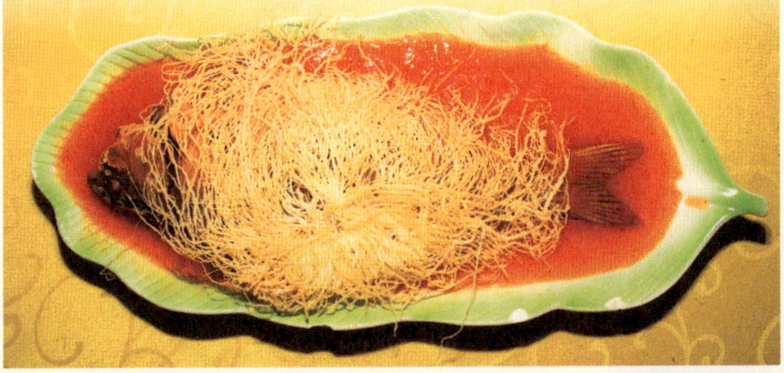

鲤鱼焙面

豫剧——半月

听一段
豫剧靠山吼

就是在这样的一个夜晚，许许多多开封平常的夜晚之一，有美食和豫剧的夜晚，这里面飘荡的，就是开封人的生活。

走入河南，你会发现，这是一片热爱戏曲的土地。在很多宾馆内部都设有戏曲茶座，一到晚上，便是锣鼓齐开，绕梁之音不绝，唱的自然就是河南本土的豫剧。

豫剧也叫河南梆子，在豫西山区演出多依山平土为台，所以也被称为“靠山吼”。

豫剧的曲调不像京剧西皮流水之悠扬欢畅，也远不是昆曲黄梅戏之婉转柔媚。高亢处似有悲杀之怨，慷慨时奔放激昂，节奏鲜明，唱词通俗，有大悲大喜，入戏酣畅淋漓。豫剧给人的感觉并不是一种阳春白雪般的舞台艺术，它更多的是来源于民间，表演于民间，口语化的唱词风格，演绎着生活的喜怒哀乐，生活的鄙俚粗俗，生活的起起落落。

在开封的夜晚，一入鼓楼夜市，除了空气中飘荡的各种美食气息外，一家戏曲茶座的大喇叭也在不遗余力地对外播放着豫剧唱段。虽然没有剧院音响的气场混音，没有舒适的环境依托，观众们只是坐在大排档的条凳上，一边啃着糊辣羊蹄嚼着炕肉馍，一边是穿梭的人流和不断的叫卖吆喝声，就是在这样的一个夜晚，许许多多开封平常的夜晚之一，有美食和豫剧的夜晚，这里面飘荡的，就是开封人的生活。在这样的氛围中，我们能真切地感到，活着的豫剧，活着的靠山吼。

豫剧茶座都是些很小型的剧场，客人顶多有二十来位，一杯茶，一碟瓜子，一个简陋的小舞台，四五位演员轮流上阵，没有乐池，敲鼓拉弦的隐在角落。演员们很少扮妆，但唱起来的举手抬足间依旧郑重其事。作为一些职业的豫剧演员来说，这个戏曲市场并不景气，即使是国家一级演员，也不过就是在这些小剧场走穴，期望观众们多点两出戏，来换得养家糊口的经济支柱。就是这样市井的约定俗成，就是这样充满生活的辛酸，可是这里的人们离不开豫剧，为它欢喜着悲泣着，投入着憧憬着。听一曲悲楚辛酸的清风亭，不觉勾起几许伤心往事，有人潸然泪下。

所以你来到了河南的土地上，来到了开封，一定别忘了留一个夜晚，找一处戏曲茶座，一杯清茶相伴，在戏曲的故事里消磨一段光阴，在故事的人生里感慨一番喜怒哀乐。或许我们并不懂得赏析品评唱腔的优劣高低，可是能够为其中的热情和执着感动着，为这绽放在中州土地上质朴而绚烂的艺术之花喝彩着，这，便已足够了。

豫剧唱兴正浓

汴绣《清明上河图》（局部）

凝望

针尖上的艺术生命

汴绣的最大特色在于绣制中国古典名画，这其中登峰造极之作自然就是那幅《清明上河图》了。

在宋都御街闲逛的时候，你会发现几乎家家店铺都能找到汴绣的身影。或是花鸟鱼虫，或是人物肖像，或是山林溪谷，或是亭台楼阁，好像仿真的古画，细腻婉约，生动形象。仔细一看，才知那是刺绣，那是针针彩线穿梭绘制的线条，那是跳跃在针尖上的艺术生命。还有什么比刺绣更能代表中国古老手工技艺之精华典范，就像此刻，还有什么比一位女子静静地坐在绣绷前飞针走线更能留住你的目光脚步？

娴熟地起针、落针，上下飞舞的只有这一双十指纤纤，没有伴奏，无需喝彩，凤凰的羽毛一点一点地渲染，时光一点一滴地消逝，默默的，原来你已伫立不动地凝望了这么久。

你也想试一试吗？这可不是十字绣那样简单的按部就班，这是充满创造力的艺术，这是包容着北宋风华的绝代汴绣。

“金碧相射，锦绣交辉”，《东京梦华录》里面这样描述汴绣，虽然因为中原战乱的原因，

她没能跻身中国四大名绣之列，可是在北宋的辉煌时期，300 绣女云集京城，在龙飞凤舞般的挥针走线中打造了一片与锦绣河山相匹配的刺绣天地，为那个浪漫的时代添上一笔更加妩媚的色彩。那时的汴绣是何等盛极一时，何等荣宠于一身。

崇宁四年 (1105 年)，开封城中第一所以刺绣为专业的“大学”——文绣院诞生了，这是刺绣历史上史无前例的高起点。各路织绣名匠进入学院教授技艺，一时间，刺绣之花开遍京城。皇帝的龙袍、官员的朝服、乌纱帽、朝靴皆为汴绣精品，这些被誉为“宫廷绣”。而作为民间手工业中一项重要的行业，真正的开拓者还要数“百姓绣户”。其中各个尼庵中的尼姑绣姑可说是一支不可忽视的刺绣队伍，相国寺中就曾“西两廊皆诸寺师姑卖绣作”，可见当年绣风之盛。

汴绣的最大特色在于绣制中国古典名画，这其中登峰造极之作自然就是那幅《清明上河图》了。“宋人之绣，针线细密，用绒一二丝，用针如发，细者为之设备精妙，光彩夺目，山水远近之趣，楼阁得深邃之体，人情具瞻眺生动之情，花鸟绰约的咳之态，佳者较画更甚。”一幅汴绣精品的带给人的观感大概并不亚于一份长宋代古画的气韵生动。

在今天的开封，汴绣仍然还是这座古城受欢迎的旅游纪念品之一。在宋都御街和鼓楼商业区附近有不少汴绣的专业店，开封宾馆院内也有一家绣品店。这些绣品店有的只销售，有的自己有绣工，顾客买的时候还可以现场观看。不过汴秀的赝品也不少，很多是来自苏州的绣品冒充的。想买真正的汴秀您得睁大了慧眼。即使它是作为一份商品出售，能够拥有心仪的刺绣佳品，也要看缘分的选择呢！

陆

拉萨

雪域高原慢节拍

从色拉寺的后山遥望布达拉宫

行走在拉萨，往往没有时间的概念，即使做了出行计划，也常常是赖在客栈走廊长椅子上一边翻看着闲书，一边惬意地晒着那几缕斜斜的太阳。等到享受够了，便开始怀念昨天喝过的刚吉藏餐馆的甜茶。于是直奔目标，谁知一走入八廓街，眼睛就开始在街道两边琳琅满目的松石、藏刀、藏银等物件上来回地扫，步伐很自然地慢了下来。走到大昭寺门口，时光在这里就完全停驻了，看着人们在已被磨得光滑下陷的青石板上周而复始地顶礼膜拜，已然被震撼了——原来，这样的执着也是一种梦寐以求的生活方式。

在拉萨悠悠闲闲的日子里混沌着，在药王山下的小巷道里看艺人雕刻佛像，一看就是半日，刻好后接过来，赫然看见已然刻在背面的六字真言。那一刻好像就真的已经领悟到什么，一时间混沌散尽，红尘看破，所有从办公桌上一路跟来的压力没有任何征兆地全部释放。其实简简单单才是真。

在拉萨，仿佛什么都可以吸引你，而什么都可以让你这样地漫不经心。而又是在这样的不经意间，你已经走入大昭寺转经道旁古老的壁画里，一如《聊斋》里的那一介参观着壁画就走进画中的书生，去和你心仪的文成公主做心与心的交流；你已经在玛吉阿米的柔软的沙发上看见那个不羁的诗人，在袅袅上升的桑烟里如一阵风飘过来，来会他的“未嫁娇娘”；你已经静静地如禅坐般在色拉寺的后山的一块大石头上定住，远处的布达拉宫、近处的展佛台、高处的经幡、身边垒砌的玛尼石尽收眼中，引来无边的遐想。

是的，在拉萨，你可以在餐馆、客栈这样的地方得到一份计划外的安逸，你还可以在城里信步而至大小寺庙领悟人生的真谛，你更能在古城大街小巷的闲逛里得到物质和精神上的双重收获。

布达拉宫德阳夏

布达拉宫

行走在
天上宫阙

在拉萨的日子里，仿佛时光停驻，我的步伐在这里放慢，最后停下来，停留在布达拉宫的周围。

无论你从哪个方向走近拉萨，远远地，你都会看到金碧辉煌的布达拉宫以气贯苍穹之势屹立在红山上。千百年来，多少信徒香客，倾其所有，走过千山万水，只为了来到这座世界上最高的宫殿，给灵塔添一炷香，给长明灯添一勺酥油。而他们只走到白墙下，就已经长跪不起，泪流满面！

我慢慢地绕着布达拉宫走，却不敢贸然踏上布达拉宫。不自觉地就晃到了城外，远远地，一个人在色拉寺的后山腰上静静地坐着，拉萨城尽收眼底，一目了然。而布达拉宫是那样醒目地傲然屹立在拉萨城中，恍惚中布达拉宫漂浮游移起来，仿佛想接纳我那同样漂浮游移的出壳灵魂。时光飞逝，归去时竟然看到一道亮丽的彩虹悬挂在色拉寺的楼宇之上。

我回到布达拉宫脚下，依旧是缺少一份踏入的勇气，身边，一个执着的藏族老妇人面对着她心中的圣殿叩拜出唰唰的摩擦声，有节奏地敲击着我的心扉。正午的阳光把我仰视的脸逼出了两行清泪，朦胧中，竟觉万分悲壮！

夜深人静之时，风寒地冻，街灯凄迷。我独自撑着一把薄伞，漫无目的地走在拉萨的街头不肯回去，等到发觉时，竟然是又来到了布达拉宫前！为什么，这座千百年来不知道见证了多少人间悲欢离合的宫殿，每一次都让我怦然心动，而后滋生出许多的牵挂来？我就这样久久地站在斜风细雨里，痴了。

三更时分，我躺在武警宾馆有些怀旧的床上，看着平日里只能在图片上才能见到的布达拉宫上的琼楼玉宇被夜色笼罩成一个巨大的剪影。闪闪烁烁的一片灯光里，哪一间才是公主当年的行

布达拉宫金顶

宫呢？睡意袭来，依稀梦里，英俊的藏王和美丽的公主，相互搀扶着拾级而下。

在拉萨的日子里，仿佛时光停驻，我的步伐在这里放慢，最后停下来，停留在布达拉宫的周围。无论我是在小巷里晃悠，还是在街道旁的小铺面上把玩那些藏饰，总是可以在伸伸懒腰的张望里看到布达拉宫。终于说服自己在离开拉萨前，一级一级从东部山脚踏上这迂回曲折的台阶，一步一步地登上布达拉宫，脚步感觉如登云梯般轻盈。

由东平台扶梯直上即为上楼去各殿的廊廊道道，廊道内雕梁画栋，在每座殿堂的四壁和走廊里，无一例外地绘有精美的壁画，脚步在这里开始变得缓慢起来。有风穿堂而过，暗香袭来，灯火摇曳，恍惚间，也不知什么时候仿佛成了公主身边那个用金粉勾边、重彩着色的侍女，跟着送亲大军翻山越岭，扎营在雪山下的一汪碧湖边。我把日月宝镜递给陷入思念中的公主，镜中并没有平日里会出现的家乡的面容，而是一张年轻英俊的脸，似曾相识，却从未谋面。

布达拉宫金顶

公主毅然扔掉镜子，那尖锐的迸裂声把我唤醒，已然看见壁画里公主和藏王和亲的故事接近尾声，五世达赖下令重修布达拉宫的史实跃然于壁上。画师用流畅的线条，强烈的色彩对比把这位有着卓越成就的宗教领袖刻画得高大伟岸。连一个在工作中不慎摔死在台阶上的工匠都绘制得入“壁”三分。那鲜血淋漓的场面令整间屋子好像忽然间就充满了血腥味。

在法王洞里，我默默地看着文成公主的塑像。没有酥油，没有藏香，我闭上眼睛，双手合十，仿佛穿梭时空，跨越了千年，在这个布达拉宫最早期的建筑里与文成公主进行了一次心与心的对话。

带着对幸福生活的憧憬和向往，我从幽幽暗暗的长廊甬道顺着高高窄窄的梯子，来到了阳光灿烂的红宫顶上。面对着蓝天、白云、药王山和精细如沙盘的拉萨城长嘘了一口气，好像立刻就从云里雾里回到了人间凡尘。我的脚下，便是当年松赞干布玉树临风，指挥着千军万马的地方。凝视着美丽的拉萨城，我忽然间就后悔了明天离开的决定。

色拉寺后山上苦读经书的喇嘛

大昭寺，清晨围绕八廓街转经的人们

在桑烟袅袅中

走近大昭寺与小昭寺

挑一块靠边的青石板，在乌黑发亮的柱子下坐定，在飘忽的桑烟里久久地看着周而复始的磕长头，在悉悉唰唰的节奏里放飞所有的压力，任精神飞扬，任灵魂游走。

去大昭寺最好赶早，在大门打开之前。在喃喃的诵经声中和藏族人一起站在光滑的石板上，静静地等候开门的那一刻。然后举着一根哈达和藏族人一起从大门拥进去，一直向前走到了一楼大殿里的释迦牟尼十二岁等身佛像前，满心虔诚地献上洁白的哈达，然后也用头来触碰一下佛身。这才起身出来，顺着斑驳的石板路，在大殿外围布满金色转经筒的转经道转下去，两边墙体上古老精美壁画栩栩如生地向你述说着一个个动人的佛教故事。

去大昭寺也可选一个黄昏时分，不必进去，就在大昭寺门口。挑一块靠边的青石板，在乌黑发亮的柱子下坐定，在飘忽的桑烟里久久地看着周而复始地磕长头，在悉悉唰唰的节奏里放飞所有的压力，任精神飞扬，任灵魂游走。直至皎月东升，方才跟在执着的转经人后面，沿着大昭寺外的转经道顺时针归去。路过那个叫玛吉阿米的酒吧，这才感觉饿了，进到楼上，就一边吃，一边看，一边等。狼吞虎咽里还不忘抬头张望夜幕笼罩的大昭寺，等待着那个不羁的诗人，如一阵风、一场雨般从大昭寺那边悄然而来。

也可以不必进寺，就在周边了无目的地走走停停。在大昭寺的围墙边，

大昭寺屋顶饰物

大昭寺前的朝拜者

大昭寺的酥油灯

无意中看见几个藏族妇女蒙着双眼去摸墙上刻意陷入一些的一块石板，摸中了，大家都在开怀地嬉笑。在那一刻你会忽然领悟，原来快乐可以这样轻而易举地获得。在熙熙人流中时常会邂逅远道而来的朝拜者，行着等身长磕拜大礼的身体与你插“脚”而过的那一刻，时光仿佛已经凝固。大昭寺前的那两个香炉日以继夜，从不间断地被藏民投入桑枝。远远近近总能看见火光，看见桑烟袅袅升腾。

真的不知道大昭寺随风飘散的桑烟到底有何魔力，总是让我一遍一遍地围绕着大昭寺如同转经般地行走。心里想着该走得更远些了，于是这个早晨，我朝着偏离大昭寺的方向义无反顾地走去，看见一条窄窄的巷子里藏族人来来往往，便一头扎了进去，买了一包炸土豆片，那藏族阿妈看我喜欢，又附送了一包炸豌豆，就这样一边往嘴里扔着豆子，一边惬意地走在小巷里。

这条小巷现在叫“小昭寺路”，是最有藏民生活气息的地方，满街的茶馆、店铺都是为藏族人准备的，在这条热闹非凡的小街上，没有人刻意把我当游人看。可以随意走进任何一家小茶馆，点一壶甜茶，慢慢地饮着，或者，再上碟饺子作午餐，和身边的藏小伙有一句没一句地闲聊，和藏族的男女茶客一起看20世纪八九十年代流行的港台武打片。等到茶喝完了，片子放完了，才慢慢悠悠地出来，真是“偷得浮生半日闲”。

闲逛间，随风飘来了一股熟悉的味道，是桑烟！是从深藏在巷道里的小昭寺飘过来的。

正所谓古刹隐于巷，信步走进小昭寺，看到喇嘛们在大喇嘛的带领下诵经，有几缕晨光斜斜地照在昏暗的大殿里，有低沉的声音在经堂里共鸣，有各种表情动作的佛像立在你的身边，在这样的气氛里，无论是不是信教之人，眼里心中就都是佛了。

大昭寺

从色拉寺的后山遥望布达拉宫

野蔷薇花

盛开的地方

从寺庙的围墙外一拐弯，忽然见一段残墙里，几间荒废已久、烧得发黑的破庙里，竟然有一丛丛粉艳粉艳的野蔷薇旺盛地生长着，并倔强地伸出墙头。

据说色拉寺建寺时选址在一片野蔷薇花盛开的地方，故称为“野玫瑰园寺”，也许是因为色拉寺的名字带着粉红色的梦幻色彩，也许是色拉寺比起其他寺庙多了一份独具特色的辩经，所以，在拉萨的日子，闲来无事的我，总喜欢在北京路上拦一辆公共汽车去色拉寺。

从色拉寺的大门一直向前走上坡路，会遇上一个四四方方的大院子，里面没有任何建筑，只有众多古老的树枝，施施然伸展到墙外来，给走过的人留下一路的阴凉。还没走到院子，就听到围墙内噼里啪啦的击掌声热热闹闹地传过来，三面墙壁上都有一扇半掩着的木门，推开门，已然看见场院里那一棵棵老榆树下，布满了情绪高昂的喇嘛。他们盘腿坐成一排，或站成一圈正唇枪舌剑，辩到欢处，便上下拍击手掌，“啪”的一声脆响，慷慨激昂的辩词伴着生动而夸张的肢体语言，红色的宽大僧衣和佛珠也不时地扬起助阵。

我猫着腰从情绪高涨的僧侣中间穿过，在墙边的一棵榆树下盘腿坐下，兴致盎然地看着他们辩经。虽然我什么都听不懂，也分不清谁胜谁负，但是，我却在这种喧闹里慢慢地体会到另一种触及肺腑的安静。我不是信教之人，却有那么很长的一段时间，真的就好像佛祖就在我心中，

色拉寺辩经法会上的年轻喇嘛

替我理顺心中的爱恨情仇，甚至周围的任何声音我都没听到，在眼前晃动的人影挥舞的红袖里，心灵变得如此简单平静。

从下午三点开始到六点结束，我就这么静静地坐着，中途没一点离开的念头，仿佛灵魂已经出窍，游荡在天庭。直至一个大喇嘛做总结，点完名，锁上那道厚重的木门，我这才意犹未尽地走了。

此时已是黄昏，可感觉不到太阳偏西，我也并无归意。顺着一条流过寺中的小小溪流向上走，不觉间已置身寺外，来到了色拉寺的后山腰上。在一块大石头上坐定远眺，拉萨城被群山团团围着，里面的布达拉宫、药王山、大昭寺清晰可辨。在不远处的一块巨石上，一个高僧不受任何干扰地打坐念经。山脚那曾经人头涌动的展佛台，此时静可落雀。几缕阳光冲破云层打在展佛台上，夕阳余辉里好像又看到了一个红色的身影在台上台下的人群中穿出挤进。耳边一直传来经文唱颂声，没有任何预兆，我忽然间就放声大哭，直哭得天昏地暗，直哭得那僧人把地盘让出，静默地离开。

我发泄了一番情绪，顿觉轻松了许多，于是若无其事地下山。不曾看见落雨，一道亮丽的彩虹竟然挂在了色拉寺后的山腰上。沿着村民的转经道归去，再看那道已经挂在玛尼堆和牦牛角后面的彩虹，美丽异常。从寺庙的围墙外一拐弯，忽然见一段残墙里，几间荒废已久、烧得发黑的破庙里，竟然有一丛丛粉艳粉艳的野蔷薇旺盛地生长着，并倔强地伸出墙头。

丰富的肢体语言是色拉寺辩经的一大特色

来大昭寺上香的妯娌

风情

八廓街

一个可以在热闹处尽情发呆想心事的地方，一个可以穿越时空和历史对话的地方。一个有着浓浓的老街风情、浓浓的宗教色彩、浓浓的购物氛围的地方。

八廓街是一条围绕着大昭寺团团转出圆形来的古街，在这条由手工打磨的石块铺成的街道上，有着浓浓的老街风情、浓浓的宗教色彩、浓浓的购物氛围。

喜欢在八廓街附近的巷子里流连，站在那一栋栋紧密地集结在一起的藏族小楼前，看绣着吉祥八宝图案的门帘，被风一吹，便露出正在给女儿编辫子的藏阿妈的身影。家家的窗台上方，几乎都有用藏族颜料绘制的精美的花卉图案，而那一盆盆的花，被家庭主妇随意地植在烂罐旧壶里搁置在窗台上，就在拉萨的阳光下开得灿灿烂烂，五彩缤纷。我常常是一窗一窗地看，一看就是半天。街区之内，僻巷幽幽，曲途自通，宫厦套着百屋，傍着古寺，弥漫着浓郁的藏族生活气息。

有事没事，我总是喜欢到八廓街上晃荡。在街道两旁一家连着一家的小摊位上挑挑拣拣是我的最爱。很多时候，也不知道自己想要买什么，只是顺时针一家一家地看，把一串细小的绿松石穿成的手链拿在手里，把玩着不肯放下，却是不买，人家也不生气，依旧殷勤地给你递着摇经筒、藏刀、木碗。不一会，我又看中了邻摊上一个古色古香的灯架，造型很独特，一根镂花的柱子上居然顶着两个灯盘，如果托上两只蜡烛放在餐桌上，不知道有多浪漫。再晃下去，我身上又多了一条尼泊尔长裙。街道两旁商铺林立，还有尼泊尔、克什米尔等外商开设的店铺。摊贩聚集，熙来攘往，热闹非凡。酥油、酥油桶、青梨酒、甜茶、奶渣、卡垫、氆氇、围裙、藏被、藏鞋、石戒指、藏帽、藏币、羊皮、经书等，应有尽有。样样都新鲜，件件都爱不释手。

在这里逛街往往超越了购物的概念。更多时候，我什么也不买，只是混迹在人流里。这条藏传佛教信徒的转经路上，每天都有磕着三步等身长头的人来到这里，到大昭寺前朝拜佛祖。在这条历史悠久的小街上走来的，是正在摇着转经筒的藏阿妈、走路极快的小喇嘛、神采飞扬的康巴汉子。还有左顾右盼的藏族少女们，她们穿上精心制作的长袍，将祖上传下的和自己珍藏的饰物戴满全身，连每一根小辫都要精心地梳理，然后三三两两地走过八廓街，街的颜色顿时丰富了许多。就这样，也手持一个转经筒，一边转一边跟着藏民从大昭寺门前向左顺时针走，颂经的呢喃声里，转经的脚步声中，不知不觉又回到了大昭寺。

在八廓街上你还可以看到另外一种热闹。经常看到的是卖艺人的表演，大多是从几千里外一步一长头磕到拉萨来朝佛的藏族人，甚至是十几岁的孩子，只为凑一点回程的路费。在他们风尘仆仆的脸上，你可以同时读到沧桑和执着。可以想像朝圣者返程的艰辛和清苦。运气好，你还会碰到带有神奇色彩的说唱《格萨尔王传》的艺人。他们大部分来自偏远的牧区，不识字，据说是生过一场大病或在睡梦中得到神的启示，醒来就奇迹般会说《格萨尔王传》了。有时还会遇到几个藏族小孩子，他们就在大昭寺的围墙边玩着一个古老的游戏，用布蒙住眼睛，用手去戳壁上一块已经被经年累月的触摸而深陷下去的石头。

这就是八廓街，一个可以在热闹处尽情发呆想心事的地方，一个可以穿越时空和历史对话的地方。一个有着浓浓的老街风情、浓浓的宗教色彩、浓浓的购物氛围的地方。

■ 转经

藏历新年，拉萨市民要到拉萨河附近的山头换上新的经幡

在拉萨的

冰天雪地里懒懒地过个暖年

藏胞们成群结队，载歌载舞，不管认识不认识，不喝干了藏胞递过来的三杯酒，你别想通过。也许是太兴奋了，拉萨城也摇摇晃晃地醉了。

冬天的拉萨，已经不再是一个旅游城市，它更像一个旅行者居住的城镇。冬日的阳光暖暖地洒在身上，每处寺庙，每栋藏民居，每个玛尼堆，在阳光下都变得精致细腻起来。

过年了，藏历新年。此时的八廓街头，挤满了来自各牧区的藏民，那手腕上带着的，那腰间挂着的，那头上插着的，叮当作响。着一袭长裙，无数的小辫上点缀着绿松石、珊瑚的是藏族的女子，那盘着红头饰，一身毛茸茸、软棉厚实冬装的是康巴汉子。戴着一顶皮毛小帽的自然是那可爱的孩子了。人人脸上洋溢着喜气，手上提着在摊位上精挑细选后买到的东西。就这样在一个冬日的午后，你完完全全融入到藏民中去，就这样来来回回地穿梭，已经不把自己当成外人。

而藏族孩子们盼啊盼，终于盼到了藏历腊月二十九。当太阳沉落山边的时分，拉萨家家都要团坐在一起吃面疙瘩，孩子们在意的，不是面疙瘩如何好吃，而是自己可以在面疙瘩里吃出什么来。要知道，妈妈在一部分面疙瘩里包进了东西，吃出羊毛的人，说明他心地善良；吃出辣椒的人，说明他性格泼辣；还有豌豆、桃干什么的，每次吃出来了就都有不同的说法。

当凝重的夜色笼罩拉萨时，大街小巷里响起一片尖锐的驱“鬼”声，若是胆大的就无所谓，可跟在后面起哄，若是胆小的，那紧张和恐怖的气氛足以令人毛骨悚然了。还好，火把出现了，赶“鬼”的人们越聚越多，越聚越亮，广场上，一堆堆的麦草燃起来了，把天空都映红了。人们围着熊熊燃烧的火堆，呼喊、奔跑、歌唱，拉萨成了一座极具动感的狂欢城，若真有鬼，哪里还敢出来！

此时出来的，自然就是来凑热闹的你了！

正月初一，新年终于到了。相传远古时，遇到战争胜利或者狩猎丰收，要由一位年高德重的老人说一番祝福赞美的话，这种习俗沿袭下来，就成为一种专门的说唱艺术——“折嘎”。拉萨人相信，在折嘎艺人的祝福声中打开大门，会迎来吉祥幸福。可拉萨的居民如今已经这么多，又哪来这么多的折嘎艺人，于是拉萨电台预先把吉祥欢乐的祝福赞词录制好，大年初一黎明时便反复播放，皆大欢喜。

正月初二，满街一片祝福声。最漂亮的衣服穿在身上，最珍贵的首饰戴在身上。满街的哈达，满街的祝福，满街的敬酒。藏胞们成群结队，载歌载舞，不管认识不认识，不喝干了藏胞递过来的三杯酒，你别想通过。也许是太兴奋了，拉萨城也摇摇晃晃地醉了。

正月初三，站在布达拉宫的阶梯上，或者是上到大昭寺楼上的平台，就可以看到东郊的宝瓶山和西郊的药王山的峰峦上，爬满了敬神祈福的男女老少。纷纷扬扬的经幡、飘舞翻飞的哈达铺天盖地，那一缕缕煨烧香草而冒出的白烟一直糅合到蓝天白云里，就是过新年，拉萨人也没有忘记祭山神和水神。

藏历新年，那么热闹、和谐、欢愉。若有时间来拉萨过一个藏历新年，实在是一种新奇的体验。

藏历新年，藏民唱着祝福歌并向天撒糌粑，这种仪式叫“托岁”。

暖暖的奶茶

最爱

刚吉餐厅的甜茶

在那浑黄的江边，我对他，也对自己说：我们一到拉萨，就去刚吉餐厅喝甜茶。

每次到拉萨，刚吉餐厅是我一定要去坐一坐的地方。爱死了这里的甜茶，选一个靠栏杆的位子，点上一壶大号的甜茶，再来一份香蕉甜饼，我就可以从中午一直坐到黄昏，看到那群休憩在大昭寺金色的琉璃瓦上的野鸽，忽然在夕阳的余辉里振翅起飞回巢，才醒悟过来，再加一份藏式水饺，一盘油炸土豆片，又继续快乐着。

曾经和几个朋友约在香格里拉，大家一起从滇藏线进藏，当时有一位已经在咳嗽，接下来的几天更加变本加厉，偏偏在 214 国道上我们坐的东风大卡车被塌方堵在了澜沧江边，太阳恶毒地烤着大地，我们的水早已喝完了。在寸草不生的高山顶上，几只野驴幸灾乐祸地俯视着。这前不着村后不着店的地方连树荫都没有，那位生病的朋友就躺在大卡车底下用微弱的声音笑着对我说："如果我死了，请把我的骨灰撒在澜沧江里。"我强忍着泪水爬出车底，找到司机，从汽车下面的水箱里接了半瓶水，加入几块方糖，再讨来几片茶叶权当降温，然后逼着他爬起来喝下。在那浑黄的江边，我对他，也对自己说：我们一到拉萨，就去刚吉餐厅喝甜茶。

就这样，我们克服了种种艰难，穿过千山万水终于到达拉萨，去赴和刚吉餐厅的约会。

当我又一次坐在刚吉餐厅喝着甜茶，一些关于旅途的艰辛与欢乐的记忆开始涌现，如今的他又旅行到了哪里呢？又是一段和刚吉餐厅有关的故事。是啊，在这个古城，没有故事的地方还真难找。

刚吉餐厅

玛吉阿米内部

迷失在

玛吉阿米

就这样，在八廓街的一个彩霞漫天的黄昏，我吃着美味可口的藏餐，看着窗外流动着的转经道，迷失在玛吉阿米的酥油茶香里。

我在八廓街逛得又累又饿，于是问店里的藏族小姑娘就近哪里有吃的，小姑娘信手一指八廓街西南角：见到一栋黄色的两层小楼就是，我们平时就去那里吃的。疑惑地走近一看，竟是旧日相识——玛吉阿米。

原来玛吉阿米不只是游客喜爱，也得到藏族人认同。在这不大的上下空间里，错落有致地摆放着一组组木制餐桌。挑了一个两侧是柔软碎花沙发的餐桌，随意将身体陷在里面，晃悠着伸了一个懒腰，一种久违的安逸让身心都放松下来。

生牛肉酱、灌血肠、炸羊排、藏包子、酸奶、牛肉比萨、煎饺子、咖喱土豆饭，想吃什么呢？我贪婪地看着精致的菜单，几乎想都点上一份！一个可爱的藏族美女耐心地等在边上，我拿捏不定时就替我出主意。看着她带着一脸真诚的微笑离去，我端着茶的手忽然有些迟疑，一种很熟悉的意境开始在这个有几分慵懒的气氛里蔓延，一首脍炙人口的著名诗篇在耳边轻轻响起：

在那东方高高的山顶，
升起一轮皎洁的月亮，
未嫁娇娘的面容，

时时浮现在我眼前……

据说，玛吉阿米见证了诗中的这段纯美感情，引得许多对爱情还带着美好憧憬的旅人来到拉萨，一定要来玛吉阿米坐坐，发发呆。在玛吉阿米的墙上、桌上随处可见或粗犷或精致的绘画和饰物，墙角的书架上有琳琅满目的书籍，抽出一本画册信手翻开，拉萨神秘的宗教文化就在眼前铺开。眼前的一页彩图，正是布达拉宫半山上的德阳厦。从前德阳厦每年都有跳神仪式，几百年来，人们就在这里坐在德阳厦高高的看台上，观看跳神仪式和歌舞表演。

有柔和的音乐在玛吉阿米弥漫。就这样，在八廓街的一个彩霞漫天的黄昏，我吃着美味可口的藏餐，看着窗外流动着的转经道，迷失在玛吉阿米的酥油茶香里，纷乱的思绪随风飘荡，眼前似乎展现出一副庄严美妙的图景：高耸的白塔下边一个虔诚的藏族女子和她白发的母亲正绕着白塔，一圈又一圈地磕着长头。那位藏族女子圣洁的目光注视着遥远的天边，口中喃喃诵读着玛吉阿米

玛吉阿米

色拉寺辩经法会上的年轻喇嘛

墙上的一首动人的情诗：

那一天
闭目在经殿香雾中
蓦然听见
你颂经中的真言

那一月
我摇动所有的转经筒
不为超度
只为触摸你的指尖

那一年
磕长头匍匐在山路
不为觐见
只为贴着你的温暖
那一世
转山转水转佛塔啊
不为修来生
只为途中与你相见

就这样在时空错乱中，把自己扔在玛吉阿米的沙发上久久不肯离去，一大壶甜茶在不知不觉中已经喝完。天早已黑，外面的世界已然天荒地老。

■ 看晒佛

这样的化缘在节日里常常可以见到

快乐的

达夏旅馆

在这里可以听到大昭寺的晨钟暮鼓，可以看到香炉上的火光桑烟，出了达夏的门，巷道两边就开始充满诱惑。

转经老人

要想感觉原滋原味的拉萨老城区、老街道、老巷子，想真正走入藏族人的日常生活，那么到达夏旅馆来住吧。它就在大昭寺的旁边，从大昭寺的大门跟着转经的人流顺时针走十来米就看到一个巷子口上方挂出的招牌，走进巷子几步就到了。一进去，你一眼就会看见西藏特有的一种野菊花被很随意地插在几个空瓶子里，搁置在走廊上、窗台前、小小服务台里，有一种说不出的自然和温馨。

在这里可以听到大昭寺的晨钟暮鼓，可以看到香炉上的火光桑烟，出了达夏的门，巷道两边就开始充满诱惑。一家紧挨一家的摊位让人还没走出多远，手上就已经多出了一把藏刀、两串松石手链，欢天喜地拿回房间去放下。再转出来，不知什么时候，那一小块空地上多出了一排盘坐在地的化缘的小喇嘛，整齐的诵唱经文声很好听，于是我也在旁边厚着脸皮坐下，把刚买的藏帽摘下，反过来放在面前。就这样在旅馆附近晃了一整天，都没能走出八廓街的范围。但这又何妨呢，在菜市里一个藏族汉子的肉摊上讨价还价后买了两斤新鲜的牦牛肉，回到旅馆的小餐厅里，自己动手做成茄汁牛肉，给加工费人家还不肯收，就一顿好吃好喝。

在这里入住的很多是熟门熟户的老西藏，远的有川藏线押车过来的茶商、青海过来的香客，近的有拉萨周边地区的来拉萨办事的藏人。这里既有普通间，也有标准间，除了低廉的价格，吸引人的还有这里的藏家感觉。达夏已经大手笔地从里到外装修了一回，连外窗都请画师画上了色彩鲜艳的藏族花草。

大大方方的四合院里，有一口小水井，尽管每间客房里都有开水瓶，可那些外出归来的藏族汉子，总喜欢径自走过去摇几摇，喝上几口。他们对寻到这里住下的游客很热情，会不厌其烦地回答你的问题。服务台有个腼腆的藏族小姑娘，用很蹩脚的普通话给你讲述了几遍路线，你仍旧不明白时，她就丢下手边的活，直接带你去北京东路的到日喀则的小车站。

来达夏住吧，这里是一个快乐的大家庭。

藏族头饰

柒

厦门

慢城的幸福生活

日光岩上眺望鼓浪屿

厦门是个慢节奏的城市，用现在时髦的词语来描述，这是一个慢城，生活节奏和步伐相对缓慢，悠闲、舒适和安逸中不乏雅致、时尚，历来是修身养性的胜地。漫步在厦门鼓浪屿看老别墅，在环屿路海涛声声中等待夕阳落下地平线，在中山路的骑楼底下走上一遭，到南普陀喂养放生池里的鲤鱼，坐在厦门大学花香四溢的凤凰树下看孩子们打球，那种舒适和温馨直入骨髓，让人就想那样一直坐到时光凝固。

龚洁先生的《到鼓浪屿看老别墅》这本书一出版，到鼓浪屿看小别墅风靡一时，就连厦门本地人也拿着这本图文并茂的小册子按图索骥。如果时间充裕，那些年代久远风格迥异的各国建筑值得花上一天时间细细品味。钢琴博物馆是音乐爱好者的好去处，馆内收藏的世界名琴让人大开眼界。这样的鼓浪屿，带着浓重的贵族气质，典雅而浪漫，这是厦门城市的 A 面。

我也很喜欢给朋友们介绍厦门的 B 面。厦门大学到中山路，再到轮渡，这一带是厦门的老市区，中山路上带有西洋建筑风格的骑楼，一年四季给逛街的人们挡风遮雨，小吃店和大排档遍布街巷的每个角落，蔬菜、水果和鲜花都可以在挑着的担子上买到。华新路是这个小城的老别墅区，绿树成荫的安静街巷，茶馆和咖啡馆里全是慵懒打发时光的人们。而环岛路上的珍厝垵村，这个与大海一路之隔的城中村被称为“艺术村”，聚集着满怀梦想的人们。

到这个南方滨海小城住上几日，黄昏寻家别墅小院茶馆，一壶茶一桌人一碟茶点一直聊到月上柳梢，或去环岛路骑车游泳，天黑了找家大排档吃吃海鲜，即使哪个景点也不去，只需来到厦门，便能享受这里的种种风情。

老城区依然可见曾经的渔村痕迹

迷情

鼓浪屿

这些老房子在那个夏日黄昏的暮色中迎面而来，让人喜欢得措手不及。

傍晚，夕阳洒在海面上泛起星星点点的光芒，如同绸缎的细碎光泽，小木船上的渔民悠闲地划动手中的木桨，阳光勾勒出他们曲线优美的身体，带着海水味道的凉风掠过脸庞，轻轻拂动头发，我不由自主地沉醉其中。

熙熙攘攘的龙头路是鼓浪屿上最热闹的街市，在这里也最能体味小岛上市民的日常生活。走过卖鱼丸的小吃店，走过卖肉松的老字号，走过赶海回来的渔民的挑子，尝一碗皮脆馅鲜的鱼丸汤，吃两个香甜可口的叶氏麻糍，走上泉州路时，四周逐渐归于安静。拐个弯走到安海路，一栋栋老别墅风格迥异，这些老房子在那个夏日黄昏的暮色中迎面而来，让人喜欢得措手不及。

鼓浪屿是个奇妙的混合体，很难找到简单确凿的字眼来形容它。惊叹于这岛的包容，小小的身躯上承载着那么多沧桑，数以千计的别墅散布在绿树成荫的各个角落，为它赢得“万国建筑博览馆”的美誉。在这小岛上可以不看地图，就由着性子漫无目的地走，鹿礁路、漳州路、福建路和复兴路，宁静中透露着不同寻常的高贵和大气；紧挨着龙头路的泉州路和中华路，有许多热闹集市边上让人不忍心搅扰的殷实人家；从

凤凰花开

笔架山和鸡母山麓上俯瞰这座小岛的笔山路和鸡山路，让萦绕着音乐和文字的浪漫老屋填得很满；北边的鼓新路和南边的观海路上，则沉淀出岁月洗礼过后的历史痕迹。

沉迷于这座岛对人们的吸引，外国领事馆和官邸建起来了，厦门周边的华侨富商人们来了，本地的名门望族来了。有纯粹的欧洲风格或闽南特色，绝大多数是中西合璧，一幢幢精致的别墅夹杂在这座岛上平常人家的屋子之间，承载着这座小岛许多年来的浮华与沧桑，呈现出一种遗世独立的美。漫步在那些宁静的街巷，少有行人，阳光随行，墙头探出的三角梅正艳，院门半开，诱惑着你推门而入，接下来，一个个传奇就将呈现在你面前。越来越多的家庭旅馆和咖啡馆开在了这座岛上的老房子里，任你寻古、怀旧、温馨、小资或浪漫，哪一种情怀都能如愿。

这座小岛便是这样，每处都给人些惊喜，每处都让人感觉无限痴迷。

日光岩上眺望鼓浪屿

厦门大学

拜访

中国最美丽的大学

还有丁香般惆怅的女孩儿，在光影斑驳的圆拱长廊里倚墙而立，为她最美丽的青春留下记忆。

厦门大学这所被誉为“中国最美丽的大学”建于1921年。校园里依然保留了许多石板小径，两旁是各色果树或花树，阳光明媚的日子让人心情爽朗，细雨霏霏的时候就比较适合怀旧或者冥想。若是春天，定然要到芙蓉湖畔的林荫道上走一遭，那条路上开满雪白和粉紫的洋紫荆，浓郁的香气弥漫在空气中。春天鲜艳的刺桐和木棉，夏天火红的凤凰花和艳丽的三角梅，冬天圣诞红，映衬着红墙绿瓦中西合璧的特色建筑，碧波荡漾的湖水，湖边被鲜花点缀的草坪，轻拂水面的绿柳，眼前是一张张充满朝气的笑脸，心情自然轻松愉快。

群贤楼是校园里最早的建筑群，楼前的道路全用花岗岩铺就，陈嘉庚先生手捧礼帽绅士地伫立在楼群正中的小广场上，凝视着这所花费了他毕生心血的学校，不曾离去。这幢经历了80多年沧桑的中西合璧的楼房正是这位让人爱戴的老人所设计，被称之为“嘉庚风格”的建筑，和映雪、集美、同安、囊萤、芙蓉、建南、成智等楼房都是这个校园里最具特色的建筑。闽南民居特有的飞檐、红砖，加上醒目的绿色琉璃瓦，再配以西洋的长廊和圆拱。这是春天，群贤楼前高大的木棉盛开，遒劲的树干上绚烂的红色花朵，映衬得那楼沧桑里又有妩媚，让人心动。

鲁迅纪念馆有两层楼房，一楼现在是教室，二楼的某个房间里鲁迅先生当年的卧室兼书房摆设依旧，他在那里给他的许广平兄写了许多信。有一年拍摄《陈景润》的剧组，在这栋楼前的棕榈树下设了场景，身穿灰布长衫的青年“陈景润”和同学一起走过，如同当年他在这里求学的情景。还有丁香般惆怅的女孩儿，在光影斑驳的圆拱长廊里倚墙而立，为她最美丽的青春留下记忆。

而众多学生，就在这里的公共教室里挑灯夜读，准备参加期末考试。群贤、同安和从前的映雪是大家最爱去的公教，灰色条石的老式楼房冬暖夏凉，和图书馆一样抢手，去得晚了便没有座位，只能回宿舍温习功课。清晨和黄昏的芙蓉湖畔、上弦场边也是勤奋同学的青睐之地，大家隔着三五步的距离沉浸在知识的海洋中。三家村是全校最热闹的地方，集散着学术讲座、文体比赛、社团活动、书讯影讯等信息。

上弦场是一定要去的。这个操场由于形如一把满弓而得名，南边隔着公路临着大海，北边的看台边上矗立着建南大礼堂和南安楼等建筑，仍然是典型的嘉庚建筑风格，即主楼居中、两侧副楼各二的格局，加上楼前一排常年碧绿的棕榈树，庄严而充满生机的气息让人忍不住驻足。

著名的情人谷原本是山林里一个湖泊，被满山的台湾相思树林所围绕，近年由于开山修路，成为通往海滨东区公路旁的一道风景，虽然不再有往日的深邃神秘，但仍然是个幽静的地方，让人内心一片安宁。

倘若有机会，登上嘉庚楼主楼的21层，站在顶楼俯瞰，这个美丽校园的所有，便尽收眼底了。

厦门大学

南普陀

南普陀，

在红尘之外

寺庙与厦门大学一墙之隔，同为依靠五老峰而建，这都是风水宝地，三者灵气相通。

晨曦初露的夏天，还没进南普陀大门，隔着围墙就可看到关不住的秀色，寺里的荷塘花影攒动，密密匝匝的碧绿荷叶中间点缀着怒放的荷花，冰清玉洁的白荷，淡淡胭脂的红荷，一只长尾巴的鸟儿掠过水面，是翠鸟出来捕食了。大雄宝殿前一左一右两座白色报恩塔，成群的鸽子在两塔之间的空地上啄食、嬉戏。透过庄严雄伟的寺门，看得见寺庙后面奇秀的五老峰，五老峰上错落有致的楼阁，湛蓝的天空下火红的凤凰花开得正艳。进了院门，闲步池边，娇蕊带露，池水中隐约可见红色的鲤鱼摇尾游曳，大大小小的长寿龟们，也爬出来呼吸新鲜空气。此时，你感觉自己分明来到人间仙境，与俗世无关了。

清晨的寺庙特别清幽，点一柱香许个愿吧，菩萨慈悲，临时抱佛脚也并非不可。闽南是佛教盛行之地，不必说初一或十五，即便平时闲日，香火也旺，赶上九月十九等日子，更是水泄不通，通宵达旦都是烧香敬佛的香客，午夜之后前往会稍微安静些，在香火和梵音缭绕之中迎接新的一天。

寺庙门口荷花池边树荫下，有可泡茶的石桌石椅，对面的小卖部里有著名的南普陀馅饼，玉米、南瓜、绿茶等众多素食口味，累了渴了就可在此小憩。如果饿了，尝尝南普陀的素斋吧。想吃简单点儿，可要一份个人套餐，再加几道小菜。当然也有丰盛的宴席，“上得普照楼，百岁无忧愁”，品尝过了“半月沉江”、“鹭岛明珠”、“南海金莲”等菜肴之后，就会明白王洛宾先生为何有此感叹，“天下第一素斋”果然名不虚传，况且还有闽南古语道：一年走南普，三年免受苦，一餐平安菜，吉祥如意在。

南普陀的独特还在于闽南佛学院，寺内靠近厦门大学一侧的一个院落，身穿僧袍的学生进进出出，国内及东南亚不少著名寺庙的住持都曾经在这里修行。寺庙与厦门大学一墙之隔，同为依靠五老峰而建，这都是风水宝地，三者灵气相通。

厦门南普陀

环岛路风光

骑行在

中国最美丽的环岛公路

在这样的公路上骑车是一种享受，迎着蓝天碧海总让人有想放声歌唱的冲动。

厦门的环岛路被称为中国最美丽的环岛公路，碧蓝的大海边上蜿蜒着一条绿树成荫的公路，虽然没有什么特别的景点，但在这样的公路上骑车是一种享受，迎着蓝天碧海总让人有想放声歌唱的冲动。清晨或黄昏，日出或日落，看着巨大的火球在微波粼粼的海面上缓缓升起或坠下。慵懒的午后，带着游泳衣到椰风寨或亚洲海湾酒店的海滨浴场畅游一翻，累了就躺在沙滩上晒晒太阳，吃几串烧烤，看大大小小的轮船在海面上行驶，还有玩舢板的、驾帆船的、放水上风筝的，热闹却不嘈杂，有海涛声声在耳畔，一不留神就打了个盹。另一件好玩的事情是摘草莓，环岛路边的很多园子里种满草莓，冬天和春天是成熟季节，挎了篮子去摘草莓，由着自个儿喜欢去拣。

环岛路上出租自行车的商店分了两类：一类是私人小店，湖里山炮台附近有多家小食杂店兼营出租自行车，台湾民俗村对面有一家，会展中心往机场方向的钟宅村口也有一家，多是单人和双人车；另一类是连锁店，分别在椰风寨、数星园等公路边，除了单人双人车外，还有三人和多人车，价格相对较贵，不过五六个人一起踩脚踏车的感觉很难得。还可以乘敞篷的旅游观光双层巴士，好处是可以走走停停，在喜欢的地方停留。

每年春天，厦门国际马拉松在这里举行，这个被称为“世界上最美丽的马拉松赛道”的地方吸引了大量国内外优秀的马拉松运动员前来参加，这是厦门人引以为骄傲的日子，热情高涨的市民运动员和盛装的啦啦队，一起迎接着来自世界各地的客人。

厦门市容

凤凰花开的鼓浪屿

■ 买水果的小贩

漫步
老城区

茂密的龙眼树和芒果树掩隐着一幢幢楼房，洋紫荆盛开的春天散落一地的花瓣，西式的咖啡馆与当地的小吃大排档做了邻居，看似普通的音像店里有全厦门最齐全的古典音乐。

《疯狂的赛车》放映以后，更多的朋友将厦门列入旅行计划，说喜欢电影里的骑楼。的确，大学路、民族路、轮渡、中山路以及中山公园一带是最有厦门特色的城区，集市、菜市场、大排档、小吃店、茶馆、咖啡馆、酒吧、老房子、高楼大厦，没有什么比这个更能接近真实的厦门。

中山路如今做了步行街，两旁的骑楼修葺之后焕然一新，加上霓虹灯的点缀，便有些灯红酒绿的味道了，不免遗憾。所幸相隔不远的轮渡老城区保留下来了，这大概是这个城市最后一块本地人聚居的乐土，每天都闻得着隔壁邻居家的炒菜香味，看得见巷口各色蔬菜水果摊子，伸着懒腰睡眼蒙眬的小姑娘踩着拖鞋噼啪噼啪，去对面买一碗沙茶面，再来一碟卤牛肉。蜿蜒的泛着亮光的石板路将你带入四通八达的街巷，年代久远的骑楼带着些欧式风格，纵横缠绕的电线和四处晾晒的各色衣物散发出浓郁的生活气息，开间狭窄的百货精品或者时装店又展示着这里紧跟着时尚的步伐。

八市是本地最大最地道的市场，鱼、虾蟹以及贝壳都是新鲜出水的，价钱也公道，水果蔬菜的种类让人眼花缭乱，还有各种小吃和干货，要是八市买不到的东西，在厦门别的市场基本也别指望了。老字号“吴再添”

如今改名“佳味再添”，位置没变不过略微装修，冬粉鸭、沙茶面、五香条等小吃味道也没变，也总是人满为患。横竹路上的教堂，信仰的人们依然定时来到这里，穿过车水马龙的繁华城区，到这个集市边上的小小教堂来祷告。开元路上的小食摊，同仁路上的沙锅，打铁街、担水巷、镇邦路，单是这些小巷的名字，就蕴藏着许多耐人寻味的故事。

中山公园西门的华新路一带是厦门的别墅区之一，茂密的龙眼树和芒果树掩隐着一幢幢楼房，洋紫荆盛开的春天散落一地的花瓣，西式的咖啡馆与当地的小吃大排档做了邻居，看似普通的音像店里有全厦门最齐全的古典音乐。中山公园东门的自强路一带，据说就是《疯狂的赛车》的外景地之一，有着原汁原味的残旧骑楼和热闹市场，生意兴隆的东山猫耳粥和豆腐豆浆店。教育宾馆斜对面巷子里的露天排档，经营当地人喜欢的吃食，翻译成普通话的音为“煸豆干”，每桌一个大平底锅，点了菜自己动手或炸或炒，多是海鲜和蔬菜，再来几瓶啤酒，那日子真是惬意。

■ 小巷

鼓浪屿街景

珍厝垵，

怀着梦想的艺术村

泡一壶铁观音，等着涨潮以后去海里游泳，然后到村口的大排档吃一顿海鲜，那样的神仙日子，梦里也能笑开花。

“厝（cuò）”在闽南话里是“房子”的意思，红砖厝于闽南，就如同湘西的吊脚楼、北京的四合院、上海的里弄、陕北的窑洞，是最地道的闽南民居，地板、墙壁、屋檐使用多种形状的红砖，舒展大气的翘屋檐，精致细腻的木雕、石雕和砖雕，量体剪裁的院落，冬暖夏凉。如今红砖厝保留较多的有台湾的金门岛、厦门的海沧岛以及泉州和漳州的若干处，但厦门岛内已所剩无几，珍厝垵村中的那几幢就是其中之一。

珍厝垵深处，巷道两旁，鲜亮玻璃的私家别墅和青石红砖的老厝混杂而列，缤纷的电线横亘在红色院墙之上，颜色剥落的木门上系着褪色的把手，不知哪家用来遮阳的黑色渔网在楼道上飘荡。是的，这是一个小渔村，南方海滨小城里最后的村庄，穿过村口的环岛路，对面海滩上停泊着的小渔船，带着浓重的海浪和礁石的腥味，就算坐在老厝的四合院里，仿佛也嗅到那味道，是赶海的女人和孩子竹篓里带回的小鱼小虾吧。

不知最初的艺术青年们如何喜爱上这里，众人所熟悉的珍厝垵已经被称做“艺术村”，雕塑家陈文令的别墅就在距离村口不远的路边，一个兼营书画的小茶室也生意兴隆，单腿自行车行遍全国的大侠常在那里出入，名为“梦旅人”的家庭旅馆开在了村中的红砖老厝里，成为远近热爱音乐人们的据点。雕塑的、画画的、拍照的、电影的、音乐的、旅行的、越野的，各类工作室、会所以及家庭旅馆如雨后春笋般涌到这里，原住民们、新进村民们、旅行暂居的人们、中国人和外国人，一时间挤满这个小小的村庄，都想到城中村来体验一下红砖老房子、在厦门岛别处寻不到的感受。

村口的寺庙就在公路旁，踏上高高的台阶才能进入，边上是村里的市场和餐馆，烧香赶海过日子，如此简单生活也是幸福。戏台在隔了公路的对面海边，边上似乎还供奉了妈祖，时常唱的是闽南语的高甲戏，即使几乎完全听不懂，也能感受气氛，如果不嫌麻烦，戏台前方侧面有简单的字幕可看，但那样就忽略了台子上的说唱了。原创音乐也登上过这个戏台，面朝大海，春暖花开，海上明月，潮起潮落，对酒当歌，艺术青年们岂愿放过这样的机会。如同曾经热映的台湾电影《海角七号》，说的也是闽南语，影片最后演出的那个海边的舞台，那样热烈的观众，也许就是差不多的情形。

村子虽然不大，但要走遍也不容易，从村口的热闹繁华中一直走过去，路过村中心无人居住的一进大厝，路过仍然经营的供销社般的小杂货店，路过一排没有院子的平房老屋，顺着房子之间的狭小街道一直往前走，村子越来越静谧，一路有龙眼树的荫凉陪伴到了目的地，打桶井水洗手洗脸，泡一壶铁观音，等着涨潮以后去海里游泳，然后到村口的大排档吃一顿海鲜，那样的神仙日子，梦里也能笑开花。如果住的是村子里新建的楼房，那就挑间窗户看得见大海的，早起，看看晨曦中行驶在海上的轮船，碧海蓝天下的波光粼粼，海平面尽头层峦叠嶂的山峰，那一日的好心情油然而生。

鼓浪屿街景

陈嘉赓故居

远离
尘嚣的集美学村

夕阳的光芒洒在水面，闪烁着晶莹的细碎光波，几只长脚的白鹭伫立在水面的沙洲上，优雅的姿势让人忍不住举起相机按下快门。

集美学村是个适合徒步的地方，步入正门，沿着台湾相思树下的石板路开始慢慢体味。第一站是华侨大学华文学院，这里原来是水产学院，郁郁葱葱的校园里几栋红砖建筑虽然翻修过仍然保持了原有的风格，高大的伞状树上缀满绿色果实，带着些热带的异域情调。第二站该到航海学院旧校区，透过道路边的运动场看得见巨型轮船外形的教学大楼，这个校园也有不少安静的林荫小道，通往那些年代久远的建筑。然后到集美中学，浔江边一字排开的道南楼经历了几十年的风雨依然亮丽，集美标志性建筑南熏楼钟楼高高伫立在蓝天下，与龙舟池的碧水交相辉映。

集美很安静，但嘉庚路149号是热闹的。这幢三层白色罗马式建筑就是陈嘉庚先生故居，到集美的人都会到这里瞻仰这位华侨领袖。宽敞的院子里古树参天，火红的三角梅在阳光下怒放，映衬得白色墙壁和高大的廊柱愈加醒目。

看过了西洋风格的故居，归来堂的闽南建筑特色让人倍感亲切，红砖、琉璃瓦、翘屋檐和石雕，整洁的院子，绿树成荫，陈嘉庚先生的全身铜像就伫立在归来堂前，几个老人在院子边上的台阶上聊天，怡然自得。

黄昏的时候漫步龙舟池畔，夕阳的光芒洒在水面，闪烁着晶莹的细碎光波，几只长脚的白鹭伫立在水面的沙洲上，优雅的姿势让人忍不住举起相机按下快门。集美中学的道南楼是池边最亮丽的建筑，坐在龙舟池对面的石凳上看那水和楼，你会怀疑自己身处画中。龙舟池是陈嘉庚先生亲自设计建造的，池边七座式样各异雕梁画栋的亭台水榭，称作“七星坠地”，而池中两座凌波的水榭名叫“孤星伴月”，每年端午节这里都有龙舟赛，很多国际性龙舟赛也在这里举行。

虽然距离市区只有不到一小时的路程，可集美小镇的质朴与清宁，让人有一种远离尘嚣的清静感觉。

集美：归来堂

厦门小吃

鼓浪屿上的厦门美食：黄金香肉松

海鲜

大排档与小吃

春天，路边的洋紫荆花都开了，一边唏嘘着芥末的辣味，一边看着洒落一地的花瓣，别提有多美。

新鲜美味和价廉是厦门大排档的特色。无论小住或久居厦门，都可招呼三五友人，街头巷尾随意一家小店，露天一张桌子几把椅子，几瓶啤酒，几碟小菜，看菜下单，杂鱼酱油水、白灼沙虾、海蛎煎、清蒸鱿鱼、椒盐梭子鱼、老蛏豆腐汤，再来盘蒜蓉空心菜，美妙的夜晚就此开始。风景随意看，东西随意吃，走到哪就玩到哪也吃到哪。

"小眼镜"是远近闻名的海鲜排档餐厅，以酱油水煮鱼著称，从前在幸福路巷子时就是一道风景，一边是五六个开间的店里店外座无虚席的吃客，桌子见缝插针地摆着，排队的人就在身后等候，马路对面从巷头到巷尾一字排开的全是客人们的轿车，晚上六点以后就没有吃的了，明日早来。这在当时的厦门绝无仅有，可见"小眼镜"的魅力。后来"小眼镜"搬到火车站附近湖滨中路的巷子里，生意依旧红火，提前订座、排队依旧。沙坡尾的大排档从大学路开始，直到厦港酒家，这里靠海，近水楼台先得月，海鲜特别新鲜，而且还能吃到深水鱼。

土笋冻是厦门的招牌小吃，用滩涂里的沙虫熬制而成，看上去好像果冻。公园西门这一家小店开间不过 1 米多，窄小到只能 1 人通行。独自一人或与朋友，坐在店门前的小凳子上，大小各要一碟，配上芥末、香菜和酸甜萝卜丝，再来一份白灼鱿鱼，到马路对面买一瓶冰冻可乐，放开肚子大吃一气。春天，路边的洋紫荆花都开了，一边唏嘘着芥末的辣味，一边看着洒落一地的花瓣，别提有多美。

乌糖沙茶面也是个门面不大的小店，专卖沙茶面，猪肝、猪心、猪腰、鸭健、鸭肠、鱿鱼、

大排档

鱼丸、豆腐等任选，再加上特制的沙茶酱，这样的面条引人垂涎。乌糖的美味在于熬制的那一大锅沙茶，其中诀窍无人知道，一天只熬一锅，卖完为止，所以也得赶早。原来的老店在民族路厦门淘化大同酱油厂边，后来拆迁搬到民族路和碧山路交界处附近，从思明南路上碧山路，走到与民族路交界的十字路口左转，不到100米就看得见公路右边的小店。

提到厦门小吃不得不说花生汤，说花生汤就非“黄则和”莫属。其实“黄则和”除了花生汤还有很多小吃和点心，但这里的花生汤最正宗，花生入口即化，汤甜而不腻，香浓可口，来厦门一定要到这里尝一碗。中山路这一家最地道位置也好，所以总是人多要排队。

“叶氏麻糍”是鼓浪屿上最有名气的小吃。简单的一种食物，却让很多厦门人不吃就想。叶氏在鼓浪岛龙头路上的固定地方摆摊，而且岛上无人不知，不用担心找不着。还有，卖完为止，还是早点去品尝几个为好。

鼓浪屿上泉州路的鱼丸也是让人时时想念的东西，距离教堂不远的 “老字号”鲨鱼丸，泉州路54号，这座带院子的老房子看上去有些年头，院子里有口水井，还有简单的桌椅，只卖鱼丸，坐在那里吃鱼丸，好像在自家院子般。另一家鼓浪屿老牌鱼丸在龙头路上靠近泉州路的巷子里，新鲜的鲨鱼肉剁成团，牛肉做馅，大火蒸熟，可趁热现吃，打汤加胡椒粉和醋，也可带回家慢慢享受。如果食量大，可在边上的米粉店里要一碗粉，嘱咐店主加上鱼丸，米粉是龙岩米粉，鱼丸是鲨鱼丸，浑圆的粉吸收了鱼丸汤的鲜美，既解馋又果腹，然后又精神抖擞继续游逛。

“Babycat私家御饼屋”，龙头路143号。这家装饰温馨的小屋有个夹层，可以在那里安静地吃点心喝水，逗逗店里毛色纯白的小猫。做饼的师傅是老板Babycat的父亲，因为亲友都喜欢他的手艺，就开了这家店与大家分享。这里的馅饼包装精美，适合作为礼物送给亲朋好友。而正宗地道本地口味的馅饼就要买汪记的了，好吃不贵。

龙头路95号的“黄胜记黄金香肉松”，这是小岛乃至厦门特产，小店门口挂了好几块牌匾，还有不设分店的告示，显示这是唯一正宗的黄金香肉松。店面很小，但生意非常好，店主很大方地请过往行人品尝各种肉干、肉脯和肉松，喜欢再掏钱，不买也不要紧。

边走边玩边吃，只要有三两天，厦门的美食和美景一样能让你乐不思蜀。

著名的黑糖咖啡馆旧址，厦门庭院咖啡的代表

浪漫咖啡馆

夏日黄昏，一杯香浓的曼特宁，到二楼三角梅盛开的大露台上，夕阳的余辉撒在院中大树的叶子上，巷子里来来往往的行人，怎样悠闲的时光。

厦门的庭院式咖啡馆很特别，有的是带着院子的老别墅，有的是楼房里的别样空间，有院子，有露台，有书，有音乐，有电影，有咖啡，有葡萄酒，有花茶，有点心，有简餐。总之，什么舒服有什么。这样的咖啡馆是一种生活，主人喜欢这样的生活，按照个人的喜好来安置咖啡馆，有同好的客人就来了。除了舒适安逸的环境，可口的饮料和小食，常来常往的顾客们也标志着它们的风格，有的不定时聚集着各种音乐人，有的是舞文弄墨的文艺青年们的据点，有的不定期举办个摄影或图片展，有的专门辟了空间播放另类电影，有的汇集着大量满世界奔跑的精力旺盛的“驴子”。这些小馆子的消费都不高，一般最低消费不过十来元。平常日子的午后，阳光明媚，挑一个阳光可以照到的座位，要壶熏衣草，从书架上选本书，即使待上整个下午甚至到晚上，也不会有人催你离开。

很多人从“黑糖”开始喜欢上厦门的咖啡馆。四月的夜晚，洋紫荆盛开的季节，潮湿的空气里飘着忧郁的花香，厦大边上南华路的一栋两层别墅，院子边上几盏忽明忽暗的油纸灯，和着房间里透出的隐约光线，让整个院子笼罩在一种柔和静谧的气氛中。往里是一块屋檐下的平台，铁壳的大吊灯从天花板上垂下，散发出眩目的光芒，头顶上两只黑色小音箱传出断断续续的音乐。屋檐向外支出一块雨篷，为院子里的两张桌子支撑起一片天空，挡风遮雨。这就是小资和文艺青年们热爱的“黑糖”。后来“黑糖”换了地点，搬到马路对面的南华路上，在二楼的平台上仍然营造出庭院的感觉，屋内有成架的图书，音乐恰到好处地飘进耳朵，既不喧嚣，又清晰可闻，是打发时光的好去处。

“第六晚咖啡馆”坐落在百花村附近的一条僻静的巷子里，一栋年代有些久远的石头别墅，镂花的水泥围墙上爬着绿色植物，一个椭圆行的米色灯箱上“第六晚咖啡馆”几个字，透过围墙，院子里影影绰绰的屋子、人影以及音乐在晃动。院子里有一口小水井，还有主人亲手种下的牵牛花，蓝紫色的小小花朵缀在绿叶和枝藤间沿着院墙爬了一片。点一根红蜡烛，在牵牛花盛开的院子里享受晚餐，等待那晚乐队的演唱。

南华路是厦门此类咖啡馆最集中的地方。站在南华路口，春日艳阳，仰头张望，高处的一面墙上一行红色大字：中国共产党万岁，看到了这行字，就能找到“雅舍”。“雅舍”是一栋三层小楼，坐落在那一带最高的一块空地上。夏日黄昏，一杯香浓的曼特宁，到二楼三角梅盛开的大露台上，夕阳的余辉撒在院中大树的叶子上，巷子里来来往往的行人，怎样悠闲的时光。 或仲夏夜，拧亮台灯，在百合以及马蹄莲的淡淡清香里，听音箱里传来的鬼魅的音乐，和着音乐咿呀咿呀地哼几句，在二楼夹层的小房间里的沙发上跟朋友聊天。

“十三号咖啡”是一幢袖珍的三层小院，几只懒洋洋的猫，声音沙哑的女声JAZZ，慵懒闲散的日子，不知道烦恼为何物，闭着眼打个盹儿，时间流逝得很快。“鲁瓦克咖啡”是这一带后来新开的店，风格类似从前的“黑糖”。

“美丽时光”，英文名叫做“Relax Time”，原本在厦大一条街肯德基附近的二楼上，法式装修风格浪漫而简洁，临街长廊上的座位最为抢手，一块芝士蛋糕，一杯黑咖啡，俯瞰楼下的小集市以及不远处的南普陀寺。后来街道拆迁，它搬到了厦大医院斜对面的一楼，保留了的原来的名字和风格。

“花时间”也是一家咖啡馆的名字，它在鼓浪屿之上，而且在番婆楼之内，加上它的主人就是《水月风花鼓浪屿》一书的作者，很多游人慕名前往。

这些各具风格的咖啡馆，让厦门更多了些浪漫和雅致，让人流连忘返。

庭院咖啡馆夜色迷人

■ 品茶

说说
厦门的茶文化

俗话说好水泡好茶，好茶也要有缘才能分享，茶如朋友，其中的奥妙只能意会。

■ 品茶

厦门饮茶风气之盛，即使在写字楼和机关学校等单位，烧水泡茶也是工作之余必有的消遣，更是同事之间彼此交流的一种方式。如果有客户来访，边喝茶边谈工作也是常见的情形。至于有朋友到家中做客，那就更讲究喝茶的礼数了。顶好是泉水，烧开至沸腾，先烫茶壶茶杯等器具，随后盛茶入茶碗，观茶米形状大小及色泽等，再开始品茶，讲究“烫杯热罐，高冲低筛，刮沫淋盖，关公巡城，韩信点兵”的功夫。主人一般还会准备些零食，边喝茶边聊天，宾客情意尽在茶香之中。因此，如果可以到当地人家中做客，那就是领略闽南人家居茶文化的机会，定是件美事，不可错过。初到厦门的北方人常常不解那套茶具，一个白瓷盖碗，几个小小的瓷杯，茶海茶漏还挺复杂，可一杯喝到嘴里不够一口。但当他们听主人娓娓道来，等他们品上几泡好茶以后，就会由衷叹服了。

厦门的茶馆遍布大街小巷。白鹭洲筼筜湖畔和马可波罗酒店附近的茶馆，内部装饰得古朴雅致，窗外的湖光水色赏心悦目，能让人放下喧嚣和疲惫。厦大附近南华路上的文心阁是茶馆，同时也是书画廊，早先它还在南华路口老黑糖边上时，也是古琴雅集的会所。如今这幢两层楼的独立小院，院子里有水塘和小亭，楼内是琴棋书画茶香满室，到了那里就会忘却烦恼。厦门的茶馆也可以自带茶叶，收取几十元的茶水费，不少人带了自己喜好的茶叶去文心阁，挑一间古色古香的屋子，体验那种超凡脱俗的宁静。而一些街旁的普通小茶馆，人们随意休闲的地方，几个人找间屋子泡泡茶，看看电视，打打牌，聊聊天，可闹可静，打发时间。俗话说好水泡好茶，好茶也要有缘才能分享，茶如朋友，其中的奥妙只能意会。

厦门人热情好客，茶叶店里即使不买茶也会得到款待，来了即是客，谙熟茶艺的姑娘优雅地奉上茶盅和闻香杯，讲解品茶的要领。个人口味不同，闽南的铁观音、武夷山的岩茶、正山小种的红茶都是名种，就看你跟哪样情投意合。其中数铁观音最为畅销，好的铁观音茶叶厚重呈螺旋形，色泽砂绿光润，泡开的茶叶青绿红边，肥厚明亮，汤色清澈金黄，具有天然兰花香，味醇厚回甘。好茶的人不妨买些茶叶，自己品味或送给亲友，当然这就要懂得挑选才行。铁观音要喝新茶，春天和秋天一到，就是觅些好茶犒劳自己的时候，这正好也是厦门最适合旅行的两个季节，有机会可到产茶的村庄小住。

品一杯新茶

娜雅咖啡家庭旅馆

家庭旅馆

好休息

喜林阁、李家庄、船屋等相继在历史风貌建筑里开张，将这座小岛上之家庭旅馆的传奇演绎到了极致。

厦门的家庭旅馆由来已久。中山路上的老字号天仙旅社有八十多年的历史，郁达夫曾住过的繁华路段上的私人旅社，典型的厦门老民居，有小巧别致的临街阳台，狭窄的楼梯上到二楼别有洞天。20世纪80年代开张的龙头旅社在鼓浪屿龙头路的总店至今仍然营业，店主夫妇舍不下这里的老屋，半自住半营业地守住在这里，轮渡老市区里的分店是儿女在经营。宾悦旅社，早期到鼓浪屿上住宿过的“驴子们”一定都熟悉，一个深邃院落，开满绚丽的花朵，高高的台阶上去，老别墅改成了家庭旅馆，边上有简单的石桌和石凳，旅社与三一堂隔路相望，教堂里一年一度的管风琴弹响的圣诞前夜，住在这里的感觉一定很奇妙。

青年旅馆在厦门有两家，一家在厦大边上南华路上，一家在鼓浪屿钢琴码头的鹿礁路上。南华路上这一家，大概是国内环境最幽雅的青年旅馆，花园别墅，树木苍翠，一楼有特色小店和咖啡馆，院子里可看露天电影，时常还有些艺术展览。

后来，鼓浪屿上有家叫“娜雅咖啡家庭旅馆”的店开张了。一幢蓝色楼房，在以灰色和红色为主色调的小岛上格外醒目。一个院子，生长着几株龙眼树和木瓜树，高低错落的绿色植物蔓延在每个角落，仿佛闻得见森林的气息。一只人见人爱的肥猫芬达，还有另外十数只慵懒但整洁的流浪猫，有时候踱着方步悠闲自在，有时候机灵顽皮互相嬉戏。鲜明绿色和浅桃色调的咖啡馆，坐在落地格子玻璃窗前细数雨滴，浓郁的咖啡香和若有若无的女声爵士在空气中飘荡。怀旧情怀的鼓浪屿老照片，安放在咖啡馆的墙上，诉说着这座小岛曾经的沧桑与辉煌。

再后来，鼓浪屿上风格各异的家庭旅馆也雨后春笋般冒出来，大大小小有数十家之多，或怀旧，或小资，或浪漫，或典雅，有小家碧玉型，也有个性张扬型，而喜林阁、李家庄、船屋等相继在历史风貌建筑里开张，将这座小岛上之家庭旅馆的传奇演绎到了极致。

珍厝垵是厦门另一个家庭旅馆集中之地，这里一方面可以享受环岛路滨海美景，另一方面能够比较深入地接触厦门本土居民和风俗，而且交通便捷，邻着厦大，距离城市中心也不远，是厦门岛上住宿的好选择。

环岛路边珍厝垵村的梦旅人旅馆，如今已迁往别处

捌

西安

泡馍滋味

古城墙下晨练的人们

多数人印象中的古城西安，是十三朝古都显赫的历史地位，是深厚辉煌的文化内蕴，是秦砖汉瓦王气纵横的一代北方名城。

是的，这座古城傲视中原大地，脚下逶迤而去的是浩浩荡荡的八百里秦川。可是阅尽繁华之后，人们的心已不会再轻易浮躁，而是安享着平静的生活，古城的岁月波澜不惊。日复一日，晨钟暮鼓的节奏周而复始，不随着风云变幻的潮流而改变，不跟着时尚的脚步而摇摆，走入西安城，你需要静下心来，和上古城缓慢而又笃实的节拍。

人们总是习惯性地认为，只有江南的青山秀水才能滋养出悠闲的生活姿态，那也许只是流于表面的认识，古城西安的闲雅从容却是实实在在从骨子里渗透出来的气质。富庶的关中平原，不曾遭遇毁灭性的天灾人祸，长安长安，长治久安，持久安定的生活状态奠定基础，深厚内蕴的传统文化滋润涵养，于是，追求清闲散漫的生活心态不知不觉中凝练成为西安的城市气质。虽然这也是一座快速发展的大都市，虽然时尚经济的冲击此起彼伏，阅尽沧桑的古城却依然我行我素地走着自己的路。

于是，就在这保存完整的古城墙下，徐徐展开了西安人平静闲适的生活画卷。钟鼓楼广场、大雁塔广场是城市的中心标志，更是供民众消遣的百姓乐园。你似乎时刻沐浴在唐风古韵之中，在深红色木结构的仿古建筑下，在簪花挥扇体态丰盈的仕女图中，更在那种宛然延自盛唐气魄的传承中，感受宽容大气的心态充盈。翰墨飘香的书院门、茶肆咖啡馆林立的德福巷，更有那随处可见的泡馍馆，用一点一点手工掰馍的时间闲聊或遐想，美食加工的过程延伸到食客身上，这不得不说是将悠闲的生活方式发挥到了极致。

所以，当你来到了西安，在见识了兵马俑的壮观、法门寺的神奇之后，莫要将时间之弦绷得太过紧迫，你应该学着西安人闲散的心态漫步古城的大街小巷，读懂他们的生活节奏，你也才能享受旅行的妙趣。

忆一曲

唐风潋滟

古城墙烟水重重

夜色温柔，灯火绚烂，在这样的夜色下，这样的音乐喷泉边，与心爱的人携手漫步，无疑是古城之行最浪漫温馨的一个记忆。

大唐盛世，物华天宝，这可能是中国历史上最辉煌最开放的一个时代。在强大的政权军事力量保障下，文明之花得以浇灌出绚烂夺目的耀眼色彩。在今天的西安古城中，更是处处遗留唐风遗韵。骊山脚下华清池，皇帝与贵妃的爱情长恨歌荡气回肠；巍巍大雁塔下，仿唐建筑广场大气雄浑。更有一座曲江芙蓉园，一座大型皇家园林式文化主题公园全景再现了人们梦想中的盛唐风貌。

芙蓉园的面积太大了，在此可以消磨一整天的时光。紫云楼、仕女馆、御宴宫、芳林苑，建筑复原了唐代的规划格局，亭台楼榭的游走中，我们恍惚穿越了时空隧道。紫云楼上，唐明皇曾在此登临观景，赐宴群臣与民同乐。杏园内，唐代的新科进士们在此举行杏园探花宴。每个地方都汇聚着历史凝眸的点点滴滴，伫立江边的小亭，倚栏眺望，看对岸奇花烂漫佳木葱茏，此情此景此地，倒退一千多年，是否也有同样的一双眼眸含情脉脉，春光明媚中又曾经发生过怎样的一段故事？

凤鸣九天剧院，上演着梦回大唐的豪华歌舞，我们无缘得见霓裳羽衣的惊鸿之舞是怎样的风华绝代，只能借用现代的艺术手法，先进的音响效果，营造一场如诗如画的歌舞大戏。那些挑着宫灯出场气度雍容的宫女，那些高高攒起的发髻，那长袖飘洒翩翩起舞的仙姿，目眩神迷中是否真的梦回唐朝。

最爱的地方还是唐市，“市井平常事，最是热闹处”。古老的长安城曾是商贾云集，中外文化交融贯通，东市和西市的缩影在这里汇聚成一条唐朝民俗文化街，各色手工艺、民间文艺、地方戏曲、饮食小吃、茶酒文化，五花八门，各显神通。你可以看一场舞台简陋却情真意切的华县皮影戏，可以为热闹惊险的舞狮杂技叫好喝彩，可以品尝牛肉泡馍灌汤包子酸菜炒米，可以选购刺绣香包剪纸布老虎工艺品。一条市井繁华的唐市街，古香遗韵的招牌旗幡飘扬，某位店员身穿唐装迎来送往，一个手舞风车的孩童迎面跑过，回眸瞬间，是不是真的站在了一千多年前的唐朝街市上，还是，这是一场影视剧的经典画面？

晚上如果不在芙蓉园看表演，大雁塔广场也是一个消磨时光的好去处。始建于公元 589 年的大雁塔无疑是西安的标志，而这座广场的建设更是以大雁塔为依托，按照唐代里坊的九宫格局而设，莲花水池中矗立大唐诗书画印演绎的水景雕塑小品，大唐文化的精英人物作为雕塑艺术展现眼前，铁钩银划的书法被制作成地景浮雕，处处散发着浓厚的唐文化气息。

更有亚洲最大的音乐喷泉助兴，22 种变频方阵在声光交汇中喷射出漫天花雨，云海茫茫、海鸥展翅、蝶恋花、水火雾，变幻无穷，气魄夺人。夜色温柔，灯火绚烂，在这样的夜色下，这样的音乐喷泉边，与心爱的人携手漫步，无疑是古城之行最浪漫温馨的一个记忆。

■ 大唐芙蓉园——五彩缤纷的唐代宫廷服饰

灵秀典雅的钟楼

晨钟暮鼓

的约会

清晨，守在钟楼边沐浴柔和的晨光，看城市缓慢地苏醒，寂静的街道逐渐变得车水马龙。

钟楼清亮的晨钟响起来了，古城新的一天缓缓拉开帷幕。

重檐三滴水四角攒尖木结构建筑，券形门洞与四条大街相互贯穿，贴金彩绘，画梁雕栋，这座钟楼可以说是我国规模最大、最宏伟、保存最完整的明代建筑之一。它又不仅仅是一个孤立的摆设品，而是融汇在城市的脉络中、成为生活中密不可分的建筑元素。

清晨，守在钟楼边沐浴柔和的晨光，看城市缓慢地苏醒，寂静的街道逐渐变得车水马龙。汽笛声、自行车铃声、叫卖声、喊叫声，混乱中缭绕温馨。缓缓走过钟鼓楼广场，晨练的老人悠闲自在，放风筝的人神情专注，这座广场不像天安门那般庄严肃穆，而是轻松随和，始终踏着普通居民的生活节奏，其设计又和巍峨的钟鼓楼相得益彰，成为西安古城的核心。

广场附近的各大商城开始营业了，这里也是古城重要的时尚商圈所在地，有大型的综合百货，也有出售特产工艺品的小店，更有同盛祥、德发长这些老字号美食大家。不过还有更重要的一点，就是一定要去买一支钟楼牌小奶糕，多少年过去了，钟楼奶糕始终承载着西安人美好的思念，五毛钱，味道还是那么淳厚香浓，吸吮着奶油清凉，这个早晨的心情也不由自主地流淌出清爽的惬意。

待你结束了一天的行程，傍晚时分再回到钟鼓楼广场时，华灯初上，广场沐浴在一片倦鸟归林般的温暖氛围中。你可以登上鼓楼，这座全国最大规模的鼓楼，与钟楼遥遥相望，击鼓报时早已成为历史的祭奠，如今的击鼓仪式只是一种表演。观入夜的古城，观灯火通明的夜之漫舞，亦别有一番滋味在心头。更何况，鼓楼内的小吃街早已严阵以待，烤肉香蔓延开来，人流熙攘起来，红红火火的夜市开场了。

“朝钟暮鼓不到耳，明月孤云长挂情”，今天的钟鼓楼没有那么多诗情画意的尽心陶醉，它们只是淡泊生活的日常载体，一早一晚，徘徊流连，同老西安人一样，陌生的游客在这里也能找到心灵的归属感。

古朴端庄的鼓楼

古城墙下的秦腔票友

古城墙下的

意外邂逅

你也可以走一走，歇一歇，观一观，练一练，在陌生的城市中旅行，你也同样可以享受这座城市休闲而散漫的时光。

十三朝古都的西安，六百余年的古城墙依旧巍巍伫立，护城河、吊桥、闸楼、箭楼、正楼、角楼、敌楼、女儿墙、垛口，严密完整，堪称世界城垣建筑之杰作。

十八座城门环绕西安城，各领风骚。

资格最老当属南门，城门券洞下日日车水马龙。华贵风采必压朱雀，蔓草刻花优雅从容。文昌门上魁星楼文曲点斗，中山门下将军东征盼凯旋。多羡慕西安人啊，每一块古城墙上的城砖都在见证历史时刻的点点滴滴，这城墙也是一部书，随时翻阅着古都风貌之云卷云舒。

于是，西安的古城墙不再只是一段段剥离开来供人瞻仰的残垣断壁，它们彻底地融入了日常生活的节拍。

沿着南门的城墙径直走下去，墙根下就是一幅丰满多姿的民间百姓市井行乐图。

晨练的队伍五花八门，这边是太极剑法缓慢中见机锋，那边是双杠单杠松活筋骨，一位外国金发小伙学起了中国功夫，一招一式颇见真章。慢性子的提笼架鸟，乐得悠闲。啪、啪声起，楚河汉界战况正浓。

一边是古树巍巍鸟语花香，一边是古城垣屹立百年沧桑，而生活依旧在平凡地继续。无论这曾是帝王之都贵气凛然，还是历史掩卷唏嘘没落，他们与百姓的生活无关，古城居民的日子依旧平淡如水波澜不惊。带着知足常乐的喜悦带着平凡是真的淡泊，在古城墙下行走的瞬间，你会不由自主地被这份刻画于市井之中的神情所打动，顷刻间身外事抛却天外。你也可以走一走，歇一

夜幕下的古城墙更加诱人

歇，观一观，练一练，在陌生的城市中旅行，你也同样可以享受这座城市休闲而散漫的时光。

有胡琴声响起，悠扬中透露一丝悲凉，有高昂的嗓音吼起，这就是陕西人民爱着的秦腔啊，倾尽全身心的力量，吼唱出生命的苍凉乐章。这边是一个看似专业的小团体，伴奏齐全，架起麦克风，一位中年女士唱兴正浓，嗓音尖利震撼，围观者里三层外三层，聚精会神，俨然一场户外小型音乐会。而那边，稀稀落落的几个老年票友，同样也摆开了架势，虽然胡琴拉得不那么顺畅，虽然唱腔吼得不那么响亮，但是他们都是如此认真如此执着，享受着这份怡然自得的乐趣，陶醉着戏曲艺术的生活乐章。这般痴迷，又这般从容，你，也为这城墙下的艺术生活迷醉了吧。

西安的古城墙是个收费的景点，那指的是你买了票可以登上城门楼，可以在城墙上行走一周，可以俯瞰古城全貌。可是，我觉得真正的古城生活还是存在于墙根下的游走，因为有这些古城中生活着的人们，建筑才不仅是冰冷的招贴画，你也才能获得有血有肉的精神对话。

没有任何花费，古城墙下闲逛的时光，一定会有让你意想不到的收获。

汉代带有空气净化功能的雁鱼铜灯

唐代天王俑

西周出土的礼器

汉代俑

一天时间

游走万年

一座博物馆的内涵也解读了一座城市的气质，它有太多的秘密珍藏等你去探访挖掘。

“给我一天，还你万年”，这是陕西历史博物馆的招牌广告词。诚然，有广阔富饶的关中大地，有十三朝古都的辉煌历史，在这样得天独厚背景下诞生的博物馆自然拥有一种睥睨天下的豪迈气势。

“中央殿堂、四隅崇楼”，仿唐风格的建筑大气恢宏，中国古代宫殿与庭院建筑的点睛之笔都毫不吝啬地呈现在这座综合博物馆格局中。何况还有时间跨度长达百万年的丰厚文物珍藏，浓缩了整个中华文明的发展进程，这样的地方，怎么不值得你游走一天呢。

进入馆内，幽暗的灯光徐徐拉开雄浑的历史大幕，中国历史上最强盛的周、秦、汉、唐王朝都曾在西安附近建都，遗留下的文物珍藏和文化沉淀自是不可小视。我们徘徊在历史长河中，随着时间一点一点地推移，朝代一个一个地更替，文物带领我们穿梭时空神游幻境。

陕博的青铜器登峰造极，上起商周，下止秦汉，商代的四足鬲、周朝的牛尊，战国的鸟盖瓠壶，汉代的雁鱼铜灯，青铜器从祭祀的礼器神坛上逐渐走入了日常的百姓生活。这雁鱼铜灯不但造型优美，内中结构也是构思巧妙，大雁的长颈形成了一个抽烟系统，可以很好避免空气污染，转动开合的灯罩可以调节光线的明暗，还可以防风，这盏两千年前的豪华台灯让每一个驻足于此的游客都不由得发出惊艳的感慨。

因为兵马俑的出土，陕西的陶俑形象甚至成为世界认识中国的一张名片。而在陕博，我们看到的并不仅仅是已经熟识了的秦俑，你一定会更迷恋上唐代的三彩俑。这边是头梳高高的半翻髻，身穿小袖腰襦，裙腰高束于胸前，“晓日穿隙明，开帷理妆点”；那边是头戴笠帽，身穿窄袖翻领紧身衣，腰束革带，足登皮靴，驾驭战马英姿飒爽。我们在很多壁画仕女图上看到了唐朝女子的生活状态，而这样立体鲜活的陶俑出现眼前的时候，亲切感油然而生，距离被拉近了，这是历史，也是生活。

金银器无疑是馆内最璀璨华彩的乐章，攀金银竹节铜熏炉、鸳鸯莲瓣纹金碗、鹦鹉纹提梁银罐、舞马衔杯皮囊式银壶，名称都透露着富丽堂皇的气息。人们惊叹于一千多年前工艺制作的精雕细琢，古人享受奢华与时尚的水准并不亚于现代的追求。

铜镜、玉器、秘色瓷、壁画，静默的文物镌刻了时代的铭文，慢慢地穿梭在历史变幻的时空隧道中，心驰神往远去时光的辉煌，一座博物馆的内涵也解读了一座城市的气质，它有太多的秘密珍藏，等你去探访挖掘。

陕西历史博物馆

蜂蜜凉粽子，切成细片的粽子浇上蜂蜜玫瑰花卤，清香甘甜。

夜市

小吃的华彩乐章

这吃烤肉，简直是要抢的！可也没有人焦急，没有人在意，热热闹闹悠悠闲闲，夜色就在指缝中悄然溜走。

以美食闻名的西安，以小吃著称的西安，如果要想把这片美食世界一网打尽，那么一定非夜市莫属。

北院门、北广济街、大麦市、南稍门、东新街，西安的夜幕徐徐降下，夜市的表演紧锣密鼓地开场了。

华灯初上，饭馆的桌椅摆到门外来了，一辆辆小推车不约而同地从四面八方赶来，招牌立起来了，一切准备就绪。很快，人流熙熙攘攘起来，叫卖声此起彼伏，烧烤的烟气四散蔓延，小吃夜市终于开始进入饕餮的主旋律。

走在这样的夜市里，你是永远不会感到寂寞的。卖腊牛羊肉的老板持刀而立，大块大块的牛羊肉堆在案板上待价而沽，“来，尝尝，尝尝”，不由分说便切下一条肉递给你，那就来者不拒吧，不管这是哪一家老字号，味道的差别也就是毫厘之间，香啊，点点头看到你的认可了，他们就都很开心，绝不催促你买，你不买也不会遭受冷眼，你也真的不用买，就当作逛夜市的好心情开场白吧。

一家热气腾腾的甑糕出笼了，立刻排起了长队，有人走了大老远的路就为了这一口儿，你赶上了那就也排一排队吧。黏黏软软的甑糕，三

热闹的北院门夜市要开始了

灌汤包子和八宝稀饭

灌汤包子来啦

西安北院门夜市

块钱就能买下甜甜蜜蜜的幸福。

泡馍已经习以为常了，童家的，刘家的，马家的，眼花缭乱，除了常见的水围城，还有小炒泡馍，加点黄花木耳鸡蛋豆腐干辣子酱，炒制而成，吃的时候再来瓶西安的本地汽水——冰峰，那滋味，真是绝配。

北院门的贾三灌汤包子也总是门庭若市，牛羊肉、三鲜、素馅，一屉接一屉地出笼，伙计们忙得不可开交。吃得可别太着急，小心那包子里的热油汤溅个满脸花，烫着了也别慌，来碗甜甜糯糯的八宝粥压压惊吧。

烤肉店最是红火，一副接一副的铁架子上摆着满满的肉串，烟熏火燎中透着一张张红彤彤卖力扇风的脸，又一大盘肉串烤得了，端进屋里，各桌前游走一番，人们随手拿过 20 串、30 串，一转眼这一盘子就空了，还有那么多眼睁睁看着没吃上的呢，等下拨吧，这吃烤肉，简直是要抢的！可也没有人焦急，没有人在意，热热闹闹悠悠闲闲，夜色就在指缝中悄然溜走。

还有那么多的美味等着你呢，腊汁肉夹馍，酸汤水饺，水盆羊肉，肉丸胡辣汤，酿皮，柿子饼，蜂蜜凉糕，粉蒸肉，锅贴，牛髓骨炒面，这一晚的风情啊，你注定不能品味得十全十美，你注定得有所辜负有所遗憾，那又如何，明日复明日，每天都有不同的新收获，小吃夜市如此，西安如此，生活如此，多好。

西安北院门夜市

葫芦头泡馍

生活

慢节拍之泡馍间奏

先掰、后撕、再掐，在从容不迫中洗练得心静如水，这可能就是一种慢节奏的生活考验，这也真是磨炼性情的一柄无刃的剑。

西安小吃名闻遐迩，要是非要从中选出一个代表来，那非泡馍莫属啊。

“陇馔有熊腊，秦烹唯羊羹”，苏东坡的诗句赞美的就是羊肉泡馍的前身——牛羊羹。这一赞就是两千多年的光阴。

走上西安街头，随处都能邂逅泡馍馆的身影，刘家的，米家的，马家的，牛肉的，羊肉的，小炒的，葫芦头的，五花八门，应有尽有。

来西安，怎么能不吃一碗泡馍呢，而相对于吃，我觉得它更是一种消磨光阴的生活间奏。

随便走进一家泡馍馆，问你要几个馍啊，一个，那么一个空碗加一个白馍就递到眼前了，你还目瞪口呆呢，你还以为像在别的地方的泡馍改良版一样，有人拿机器给你切好了泡好了就直接端到你面前了？你要想那样子吃泡馍，可别来西安贻笑大方了。

泡馍必须要自己用手掰的！

环顾一下四周，人人都在掰馍呢，一边掰馍一边聊天，这种感觉就和泡茶馆大同小异，来泡馍馆的没人要赶时间，这是一种小吃，但并不是一种快餐。

所以你耐下心来掰馍吧，先掰、后撕、再掐，在从容不迫中洗练得心静如水，这可能就是一种慢节奏的生活考验，这也真是磨炼性情的一柄无刃的剑。

掰好的馍送去加汤了，热气腾腾地端出来了，一点辣椒油，一点香菜末，一颗糖蒜，这就是一碗地道的西安泡馍。吃的时候同样不要着急，泡馍讲究的是“蚕食”，不要随便翻搅，以免泄了这份鲜香和热度的气场，贴着碗边，一小口一小口，专注着，享受着，直到最后一口，那又香又热的感觉还依旧。

西安的泡馍还有好几种不同的讲究形式。“干泡”，煮好馍将要出锅时，舀出多余的汤，吃完泡馍后，碗内无汤汁。“口汤”，吃完泡馍后，碗内仅余一口汤。“水围城”，泡馍盛入碗里，周围是汤汁，吃完后，碗内仍有汤汁。“单做（音zòu）”，只将切配好的肉放入锅内烧开盛入碗里，食者喝汤吃肉配饦饦馍。

再细说下去，那汤那火候那配料都是大有学问的讲究啊，每个人掰馍的力度不同，大小品相不同，口味也就有了那么微妙的一点差距。每一碗泡馍有每一碗泡馍的味道，大同却又小异，就像生活里的每一天。

牛羊肉泡馍，一定要自己用手掰哦。

■ 德福巷时光咖啡

德福巷
的闲暇时光

一个幽暗的空间，八仙桌和圈椅，或者玻璃茶几和沙发，一壶茶，一杯酒，浅斟低吟，窗外似乎是隔眼相望的十里红尘，一回首，时光消散。

人们说，北京有三里屯，西安有德福巷，名符其实，德福巷就是西安的一条酒吧街。可是，这样一条踩着时尚节拍的酒吧街，弥漫的却并不仅仅是灯红酒绿的喧闹和媚俗。

德福巷本身也是这古城中的一条老巷，东邻南大街，北望钟鼓楼，与书院门东西呼应，坐落在闹市的中心，却又独享着一片安宁静寂。源自隋唐时期的街巷，古韵依旧，在昔日的遗址上重新仿建起来的古建筑，壮观的三门石牌坊，青石路面，大红灯笼，都在刻意营造着一份怀旧情怀的演绎。

不到500米长的街巷，风格各异的酒廊茶楼咖啡屋挤满了街边的空间，虽然霓虹灯闪烁耀眼，虽然门外人流喧嚣车水马龙，可是，你却总能找到心灵休憩的角落。一个幽暗的空间，八仙桌和圈椅，或者玻璃茶几和沙发，一壶茶，一杯酒，浅斟低吟，窗外似乎是遥遥相望的十里红尘，一回首，时光消散。

如果你还喜欢热闹，不妨去巷子口牌坊右侧第一家的福宝阁茶楼，三千多平方米的营业面积号称西北第一茶楼。当然，最大的特色还是幽雅的环境和内容丰富的表演。陕北说书、陕北民歌、二胡古筝、杂技相声这些民间曲艺走入了茶楼的休闲时光，一边品茶，一边欣赏民间艺术的精华，这一刻的光阴在悄然无声地流走，百年传承的文化却始终在连绵延续。

属于德福巷的时光总是有点漫不经心，总是有些词不达意，可是这同样也是很难得，生活中厚重的面目太多了，有目的的话题太多了，偶尔我们需要这样的闲暇时刻，不多想，不多说，随意而行，随遇而安，享受自己专属的私密空间。

福宝阁夜景

青年旅舍

的气质

西安的青年旅舍没有那么多矫情的小资调调，而是像古城的气质般，大气安详，给你一个从容悠闲的旅行落脚地，也为你的旅行经历增添几许难忘的时光点滴。

全国各地的旅游城市中大多都设有几家青年旅舍，一些有名的旅舍通常都印制有精美的宣传彩页，它们会出现在各地的青年旅舍联盟中，甚至是一些经济连锁酒店中，如果你常混迹其中，你会发现，西安的几家青年旅舍资料出现的概率通常拔得头筹。“湘子门”、“汉唐驿”、“七贤”、“老街”、“书院”，古风端厚的名字隐隐然传递着这座十三朝古都的气质。

无独有偶，这里每家青年旅舍的房屋都是一水儿的古建或者仿古建的四合院，建筑的样式格局也在诉说城市的风骨。

走入七贤庄，这是一座已有百年历史的古老建筑，20 世纪初，银行资本家在这里盖起了四合院建筑，后来八路军西安办事处也就建在这里，如今仍然是一处红色旅游景点。黑底金字的招牌大气磅礴，两旁石狮端坐，走进门内却也是佳木葱茏，鸟语花香，虽然是同样的古典风韵，这里的院落又不像江南园林般清雅妩媚，白墙青瓦、圆门直路，透露出的还是属于北方的硬朗线条。距离火车站广场和尚德门咫尺之遥，可又偏安一隅闹中取静，当行走一天疲惫归来，这个清静的院落立刻能让你的心平定下来，无车马之喧嚣，无商贸之嘈杂，夜晚的时光归你自己独享。

车水马龙的南门外，沿着城墙走出五十米，一栋古香古色的建筑呈现眼前，灰色的砖墙、红漆的柱子、高挂的灯笼，门内太师椅八仙桌端坐，这就是书院青年旅舍。内中小小的天井，环境布置得雅致温馨，各类旅游书籍典藏丰富，墙上贴着五花八门的租车找伴的帖子，在这里很容易交到朋友，空间虽然不大，却有一种如家般温暖的气息。

老街青年旅舍坐落在仿古文化街上，青砖墙面上架出彩绘绚丽的垂花门，仍然是一派古典风韵扑面而来。内中装修却简洁干练又带有浓厚的乡土民风，似乎让人想到了黄土高原，想到了窑洞窗花，没有忸怩作态，完全是实用主义作风。老街有一个很有特色的酒吧，装修上采用了陶、砖、瓦、木及陕西铜川古镇陈炉的匣钵，俗称罐罐垒墙，体现着关中地区豪放粗犷的自然风格，墙上展示着西安古城的老照片，时光推移中回访历史。住在这里，夜晚的光阴不会寂寞，酒吧每晚有乐队演奏，你也可以在专业乐手伴奏下一展歌喉。

西安的青年旅舍没有那么多矫情的小资调调，而是像古城的气质般，大气安详，给你一个从容悠闲的旅行落脚地，也为你的旅行经历增添几许难忘的时光点滴。

书院门青年旅社，建筑风格古香遗韵。

书院门

书院门内

翰墨飘香

不一定要买什么，一一看过去的是一份翰墨书香的评点，一个午后悠然时光的消遣。

书院门算不上西安的一处景点，可它又是最让中外游客流连忘返的聚焦点。这里有着西安城内最完整的古老街道，有着按明清建筑风格复原的店堂商铺，有着关中书院和碑林博物馆，琳琅满目的商铺内卖的是文房四宝，翰墨飘香。这样一条充满文化气质的古街，任谁走入其中都会被深深吸引，感慨万分。

走进书院门的大牌坊，就开始踏进一条铺满墨香的文化之路。

有人说，整个书院门就是一座开放性的书法艺术博物馆。因了碑林这近水楼台，几乎每家店铺都能看到碑林拓片的身影。名人字画、印章印谱、文房四宝，这就是这条商业街售卖的主旋律。如果你是个内中行家，大概能慧眼识真访到一些上佳作品，如果只是门外汉，那也不妨看个热闹学学真伪。

清一色的仿古建筑，青石铺路，家家黑底金字楹联，文萃阁、醉书轩、聚看斋、皓月宫，店名之中都透着儒雅文风。不一定要买什么，一一看过去的是一份翰墨书香的评点，一个午后悠然时光的消遣。

“碑林藏国宝，书院育人杰”，书院门最重要的两个地标性建筑就是碑林博物馆和关中书院了。

书法爱好者当然是不能错过碑林之旅，中国历史上几乎所有的书法大家都在这里留下了真迹碑刻，就算你不懂书法的奥妙，艺术的门类都是相通的，审美的格调都是相似的，那褚遂良的《同州圣教序碑》、颜真卿的《多宝塔碑》、柳公权的《大达法师玄秘塔碑》、欧阳询的《皇甫诞碑》、怀素的千字文，张旭的狂草，在这铁钩银划之间刻下的，或挺拔遒劲，或清新妍丽，或豪迈潇洒，或圆润端详，不仅仅是方寸之间的笔墨风采，也是一份人文气质的艺术渲染。

看过碑林中真品的大家之作，再到书院门内的店铺里比较一番，也许你就能体会到其中的差距了。

林立的店铺中，真正的书院却仿佛被人疏忽了。这是已经走过四百多年风雨的关中书院。这曾经是明清两代陕西的最高学府，如今依旧保存着完好的明清书院建筑风貌。儒家文化之尊卑有序、等级有别、主次鲜明的社会伦理关系在书院的建筑风格上也可窥视一斑。

托了碑林和书院的福，书院门的商业氛围也被熏染上了难得的文化气韵。于是，你这一天的视线就在书画世界和古董珍玩的艺术大观间兜兜转转，心，是不是也随之陶冶得优雅清新了呢？

古香古色的书院门一条街，卖的多是文玩字画。

听秦腔

——八百里秦川交响乐

吼一声秦腔，神清气爽；听一段秦腔，余音绕梁。

旅行的内容除了观风景，还在于体验当地的民俗风情，欣赏当地的民间艺术。当我们有充足的时间行走在一个陌生的城市里，我们绝不应错过当地传统的某一种戏曲形式，就像在苏州听评弹，在泉州看木偶戏，来西安，不能不听一听秦腔。

这被称为中国戏曲之鼻祖却又是一份地地道道的民间艺术奇葩，依赖于八百里秦川，流传于面朝黄土背朝天的农民生活。它要和西凤酒、长线辣子、大叶卷烟、牛肉泡馍一样成为秦川人民生命的五大要素。

它的唱腔粗犷、豪放，需气运丹田，神聚于一方能发声，所以人们通常把唱秦腔称为“吼”。吼一声秦腔，神清气爽；听一段秦腔，余音绕梁。当你行走在西安的古城墙下时，经常可以碰到秦腔的票友们在自娱自乐，虽然没有专业的演出氛围，但那暗含悲怆的音乐旋律和激情高亢的唱腔仍然吸引着你驻足停留，可能听不懂唱的是哪一出故事情节，却并不妨碍你感受喜怒哀乐的情感传递。来源于生活的艺术形式，也最容易重新走入生活的轨道。

曲江芙蓉园内的露天舞台，一位身穿宝蓝色长袍的秦腔演员独自在台上表演，没有什么华美的布景，也没有龙套伺候，只有一个人孤独地唱着，仍然不知道是哪一出戏，只是从他的举手抬足，从他的表情眼神，更从他那凄凉中透露悲杀的呐喊中，觉得这大概是一出悲剧，大概主人公遭受了某种不公的对待，却又不肯屈从于命运的安排。于是有了这酣畅淋漓的声声高歌悲鸣，有了这动人心弦的呐喊节拍，演唱者深情投入，听戏者也为之动容。

我们不妨在漫游的时光中加入听秦腔的节目，清晨时分漫步古城墙，在胡琴悠扬中聆听自然的回响。午后的时光消磨在桃红柳绿的芙蓉园，赏过妩媚娇柔的仿唐歌舞，再听一场来自民间的戏曲绝唱，哪一份节拍更打动你的心弦呢。夜晚的光阴也别辜负，走入易俗大剧院，曾经著名的秦腔科班易俗社几经波折，终于在都市时尚的竞争中存活了下来，安心地看一场戏吧，名角登场自然又给古老的戏剧形式平添光彩慑人的魅力。

秦腔表演

化觉巷内的女摊主

夜色下灯火辉煌的化觉巷

化觉巷内琳琅满目的商品摊位

淘宝

化觉巷

不知不觉中时光流逝，你可能已忘记了最初寻找大清真寺的初衷，而在这条小巷内流连了太久的时间。

都知道化觉巷内有座大清真寺，历史悠久，规模壮观。可是，走入这条小巷的时候，你的视线首先会被一家接一家密密麻麻的店铺所吸引，家家门前摆出琳琅满目的小货摊，卖的东西五花八门千奇百怪，原来这里还是一条特色的古玩商业街，一条备受淘客们青睐的淘宝街。

古玩生意在哪里都有市场，当然这其中也不乏鱼目混珠的赝品，不过大多数消费者都是理性的，并不在意什么收藏价值，不过是买个玩意图个欢喜，只要价格不是太离谱，都可以接受。你只要别老想着捡漏发财，那么总会有些开心的收获。

一家一家逛去，脚步越放越慢，停留的时间越来越长。在这些古董中也夹杂着不少陕西本土特色工艺品，凤翔的彩塑、皮影、古埙、兵马俑仿制品、碑林拓片、陕北剪纸、农民画、刺绣香包、布老虎，只要你仔细搜索，在每家店铺的边边角角，都能找寻到一些来自民间工艺的传奇，它们虽然总是放在不起眼的地方，却比那些不辨真假的所谓古董们更能征服旅行者的淘宝心理。

你可能会很幸运地找到一张年代久远的老版皮影，虽然颜色褪却了，可是刻工的精湛却是新作品难以逾越的。你也可能会发现来自民间手工的刺绣五毒挂袋和布衣小毛驴，手工的针脚和艳俗的配色传递着朴素的原生态情感。你会惊讶于户县农民画天马行空的想像力和大胆夸张的色彩渲染，你会爱不释手那些一把剪刀演绎巧夺天工的剪纸传奇。

不知不觉中时光流逝，你可能已忘记了最初寻找大清真寺的初衷，而在这条小巷内流连了太久的时间。化觉巷的生意总是那么红火，即使夜色降临了，这里也依旧灯火辉煌，当你漫步钟鼓楼广场，在品味夜市小吃的闲暇之余，随时都可以拐到这里逛一逛，也许每一次都会有不一样的惊喜。

皮影：精雕细刻的制作也是一件艺术品。